EXPOSITION INTERNATIONALE GÉOGRAPHIQUE

CATALOGUE GÉNÉRAL

DES OBJETS EXPOSÉS

TROISIÈME CONGRÈS INTERNATIONAL GÉOGRAPHIQUE

VENISE 1881

L'EXPOSITION

CATALOGUE GÉNÉRAL

PREMIÈRE PARTIE

I. LIVRAISON

TRADUCTION FAITE DE L'ITALIEN

PAR B. S.

VENISE

ATELIER TYPOG. DU JOURNAL LA VENEZIA

1881

AVIS

La troisième exposition internationale Géographique a lieu à Venise, au Palais et jardin Royaux (*) graçieusement offerts par Sa Majesté le Roi.

Elle sera ouverte pendant le mois de Septembre et tous les jours de 10 heures du matin à 4 heures de l'après-midi.

Les Etats paraissent dans le Catalogue Général suivant l'ordre de l'envoi de leurs catalogues au Comité Exécutif.

(*) La *collection cartographique lagunaire* est exposée aux Archives R. de l'Etat (ai Frari), et le *recueil ethnographique du voyageur Miani* au Musée Civil de Correr. — L'entrée est libre.

Règlement

pour le temps de l'Exposition

Art. 1. L'Exposition géographique Internationale sera ouverte à Venise le 1. Septembre 1881 et aura la durée d'un mois. —

Elle reste sous la direction générale du Comité Exécutif et de la *Junte du III. Congrès International Géographique* (comme il est dit à l'art. 7 du Règlement pour le Congrès)

Art. 2. L'Exposition recevra des livres, des cartes, des appareils, des insturments, des collections el des objets âptes à être rangés dans les huit groupes scientifiques, qui font l'objet du Congrès. — Ces objets seront reçus dans l'une des huit classes, qui sont:

I. La Géographie, les mathématiques, la géodesie et la topographie. —

II. L'hydrographie, la géographie maritime.

III. La Géographie physique, la météorologie, la géologie, la botanique, la zoologie. —

IV. La Géographie anthropologique, ethnographique, philologique. -

V. La Géographie historique, l'histoire de la Géographie. —

VI. La Géographie Commerciale, économique et statistique. —

VII. La méthodologie, l'enseignement el la division de la Géographie. —

VIII. Les explorations et les voyages géographiques. —

Art. 3. Les exposants étrangers seront représentés dans toutes leurs affaires par des Commissaires qui seront nommés dans ce but par leurs Gouvernements respectifs: c'est aux dits commissaires qu'ils devront adresser toutes les correspondances relatives à l'Exposition. —

Art. 4. Les exposants italiens devront s'adresser directement au Comité Exécutif. —

Art. 5. Si la demande d'un espace dépassait l'extension disponible, on donnerait la préférence aux objets qui, à côté de la même valeur par leur caractère géographique, n'auraint pas encore paru à une autre Exposition, ou aux premiers s'ils allaient être modifiés —

6. Les récompenses, que le *Jury International* aura à décerner d'après le numéros à déterminer postérieurement, sont de trois catégories, savoir:

I. Des médailles de 1. classe.

II. Des médailles de 2. classe.

III. Des mentions honorables.

Art 7. Le *Jury International*, composé de délégués étrangers et de membres Italiens, sera divisé en huit sections, correspondantes

2

aux huit classes de l' Exposition; et sera constitué de manière que le nombre des membres italiens ne dépasse celui des membres étrangers.. —

La norme spéciale pour la constitution et pour l' action du Jury International sera déterminée par un Règlement, émanant de la Junte du Congrès. —

Art. 8. Les demandes de l' admission à l' Exposition seront faites de manière à parvenir au Comité Exécutif au 15 Mai 1881 au plus tard. —

Les demandes des exposants étrangers seront transmises par l' intermédiaire de leurs Commissaires rétrospectifs.

Les accessions aux demandes d' admission seront fournies en Italie par le Comité Exécutif (1. *Section*, 26 *Via del Collegio Romano*, à Rome, oubien 3. *Section du Palais Municipal á Venise*) et à l' étranger par les Commissaires respectifs.

Art. 9. Les exposants et leurs représentants auront à s' adresser à ladite 3. *Section du Comité Exécutif pour le congrès Géographique à Venise* pour toutes les informations et les opérations relatives à la consigne et à la restitution de leurs objets. —

Art. 10. Si, parmi les objets envoyés, il s' en trouvait de non-dignes de figurer à l' Exposition; leur acceptation ou leur exclusion est remise entièrement, pour les objets venants de l' étranger, à la décision des Commissaires respectifs; pour les objets italiens, à la décision d' une Commission Spéciale nommée par le Comité Exécutif.—

Art. 11. Les objets devront être consignés, étant libres des frais de transport, à la III. Section, dans les locaux de l'Exposition à Venise et à partir du 15 Juin jusqu'à la fin de Juillet 1881.

Au moment de la consigne, l'exposant ou son représentant aura à présenter au représentant de la III. Section un inventaire, en double, des objets envoyés. — Après vérification faite de l' inventaire et des objets consignés, les deux partis auront à signer le double de l' inventaire, aprés quoi l' un des éxemplaires devra être restitué à l' exposant et l' autre conservé à la III. Section.,

Art. 12. Les apprêts et les décors des Sections étrangères de l' Exposition seront éxécutés par les soins et frais des Commissaires respectifs; ceux de la Section italienne par les soins et frais du Comité.

La surveillançe et l' ordre dans les sales seront organisés par la Junte du Congrès, qui tiendra compte des améliorations qui seraient demandées par les exposants ou par les Commissaires.

Art. 13. Le Comité Exécutif tâchera d' obtenir des faveurs spéciales des Compagnies de chemins de fer et de navigation, de la douane etc. pour le trasport des colis, tant pour l' arrivée que pour le retour, et les fera connaître à temps aux exposants.

Art. 14, Le Comité Exécutif prendra des mesures pour que la III. Section fasse paraître un Catalogue, divisé par nations et par classes, avec une liste alphabétique des exposants et une autre des objets exposés.

Art. 15. Aucun objet exposé ne peut être copié, ni reproduit d'aucune manière, sans la permission de l'exposant.

Les vues d'ensemble des sales de l'Exposition pourront être prises seulement par suite d' une permission de la Junte du Congrès.

Art. 16. Ancun objet ne peut être retiré avant que l' Exposition ne soit déclarée fermée, si ce n'est sur une autorisation spéciale de fa Junte du Congrès.

Art. 17. Les objets devront être retirés, par les soins et frais des exposants ou de leurs représentants jusq'au 25 Octobre 1881 au plus tard.

Ce terme étant passé, on mettra sur le compte de l' exposant les frais du transport de ses objets de la sale de l'Exposition à un autre lieu, ainsi que ceux de l'emmagasinage.

Art. 18. Les exposants recevront un billet d'entrée exclusivement personnel.

Art. 19. La Junte du Congrès pourvoira toutes les fois qu' il se présentera un cas non prévu par le présent Règlement.

Rome, ce 16 Décembre, 1880.

Les Président

PRINCE DE TEANO

Les Vice-Présidents

Pour la I. Section MALVANO   Pour la II. Section BARIOLA
» III. » CATTANEI   » IV. « GERRA

Le Sécretaire Général

G. DALLA VEDOVA.

SYSTÈME DE CLASSIFICATION
DES OBJETS DESTINÉS À FIGURER À L'EXPOSITION

I. CLASSE

Géographie mathématique, géodésie, topographie

Instruments deégiométrie pratique.—Apparels et instruments de topographie, de géodésie et d'astronomie. — Tèlémètres et instruments de calcul de célèrité. — Tables de projections et de calculs. — Cartes démontrant les divers systêmes de projections. — Cartes astronomiques; cartes de triangulation; cartes ipsométriques. — Cartes fondamentales topographiques. — Publications relatives au volume de la terre. — Applications de la photographie.

II. CLASSE

Hydographie, géographie maritime

Instruments portatifs et de précision relatifs à l'hydrographie. — Instruments de réverbération. — Chronomètres maritimes de poche. — Sillomètres (*logs*), sondes, draghes; traînasses pour les fonds des mers; thermomètres pour relever la température à diverses profondeurs. — Méréomètres et mesurateurs des courants. — Boussoles et autres instruments nautiques (quarts de rond, parallèles, règles etc). — Cartes maritimes générales, côtières, particulières; plans de ports et de lieux d'ancrage. — Vues de côtes. — Cartes des courants, des vents et des marées. — Tables et éphèmérides à l' usage des astronomes et des marins. — Publications relatives à l' hypodrographie et à la géographie maritime. — Guides de navigation; listes de phares, de fanaux etc. — Projets pour l'unification du systême international des moyens, des bouées et des signaux pour des découvertes et pour compléter l' éclairage des côtes. — Pose de fils sousmarins télégraphiques.

III. CLASSE

Géographie physique, météorologie, géologie, botanique, zoologie

Istruments servants aux observations des phénomênes météorologiques. — Cartes, atlas, globes représentants des faits observés dans le domaine de la géographie physique et de la météorologie.— Cartes magnétiques (isochrones, isogones, isodynamiques). — Cartes isobarres, isothermales etc. — Cartes de géographie géologique, zoologique et botanique. — Autres publications et collections relatives.

IV. CLASSE

Géographie anthropologique, ethnographique, philologique

Cartes et atlas traitant l' anthropologie en général, l'ethnographie et la philologie comparative. — Autres publications et collections relatives. — Grammaires et vocabulaires des langues peu connues; études comparatives.

V. CLASSE

Géographie historique, histoire de la Géographie

Cartes et autres publications de la Géographie historique. — Travaux et manuscrits antiques et modernes relatifs à l' histoire de la géohraphie. — Cartes et globes antiques. — Instruments qui servaient aux anciens géographes ; des astrolabes, etc.

VI. CLASSE

Géographie administrative, commerciale, statistique

Travaux, cartes et diagrammes de la géographie statistique, administrative et commerciale (population, agriculture, industrie, commerce, travaux publics, colonisation, etc.) — Collection des travaux et des objets commerciaux, exécutés au point de vue géographique.

VII. CLASSE

Méthodologie, enseignement et division de la Géographie

Traités et méthodes pour l'enseignement de la Géographie. — Profils et paysages, cartes de muraille ; modèles et instruments destinés à l'enseignement de la Géographie. — Atlas et dictionnaires géographiques. —Cartes et mappemondes terrestres et célestes ; globes. — Cartes topographiques reproduites ; cartes et plans en relief. — Diverses méthodes de réproduction des cartes (photographie, éliothypie, lithographie, zincographie, photolithographie, chromolithographie, etc.). — Matériaux et appareils spéciaux employés à la prèparation des cartes.

VIII CLASSE

Explorations et voyages géographiques

Instruments pour les déterminations astronomiques et pour les leves topographiques expédiés ; baromètres et thermomètres de voyage, podomètres, sextants, etc. — Appareils photographiques portatifs ; chambres claires. — Cartes itinéraires ; cartes sommaires. — Traînasses, *fac-similes*, reproductions et collections de tout genre, qui ont illustré des voyages d'exploration; vues photographiques et dessins de contrées peu explorées. — Instructions pour les voyages géographiques. — Ameublement et équipement d'un explorateur ; armes, utensiles, tentes, pharmacies portatives ; embarcations portatives ; couvertures et vêtements imperméables ; appareils d'éclairage pour les marches nocturnes et pour les campements. — Moyens d'emballage et de transport pour les voyages d'exploration. — Relations et publications de toute sorte relatives à des voyages géographiques. — Publications et agrès relatifs à l'alpinisme.

Le Président

TEANO

Le Sécretaire Général

DALLA VEDOVA.

RÈGLEMENT

pour les visiteurs de l' Exposition

Art. 1. — L'Exposition géographique internationale sera ouverte le premier septembre et fermée le trente du même mois.

Art. 2. — L'entrée à l'Exposition aura lieu par la Porte du flanc de la *Piazzetta*, pour les Sections, qui se trouvent au Palais-Royal; et par la Porte du Pavillon, pour celles qui se trouvent dans les locaux du *Giardinetto*.

Art. 3. — Le billet est divisé en deux cédules, qui servent pour les deux parties, où l'Exposition est établie.

Art. 4. — On ouvre l'Exposition à 10 heures du matin et on la ferme à 4 heures de l'après-midi.

Art. 5. — Les membres du Congrès et les exposants ont droit à l' entrée gratuite à l' Exposition, en présentant à la vérification leurs billets personnels.

Art. 6. — Les élèves des établissements d' éducation, accompagnés de leurs précepteurs, pourront obtenir l'entrée gratuite au jour et à l'heure qu'il y aura à fixer.

Art. 7. — Le prix du billet d'entrée, est de L. 1.00 dans les jours fériaux; de L. 0.50, pour les enfants accompagnés; les dimanches, les billets sont à mi-prix.

Art. 8. — Les militaires en tenue paieront L. 0.25 pour le billet d' entrée.

Art. 9. On fournira des cartes personnelles d'abonnement pour toute la durée de l'Exposition au prix de L. 5:00.

Art. 10. Si quelqu'un désirait examiner et faire des études sur quelque objet exposé il devra obtenir une permission du Comité Exécutif.

Art. 11. Le Catalogue de l' Exposition se vend au prix de Lir 0.75 pour chacune de ses parties.

PLAN DES EXPOSITIONS

1er Étage

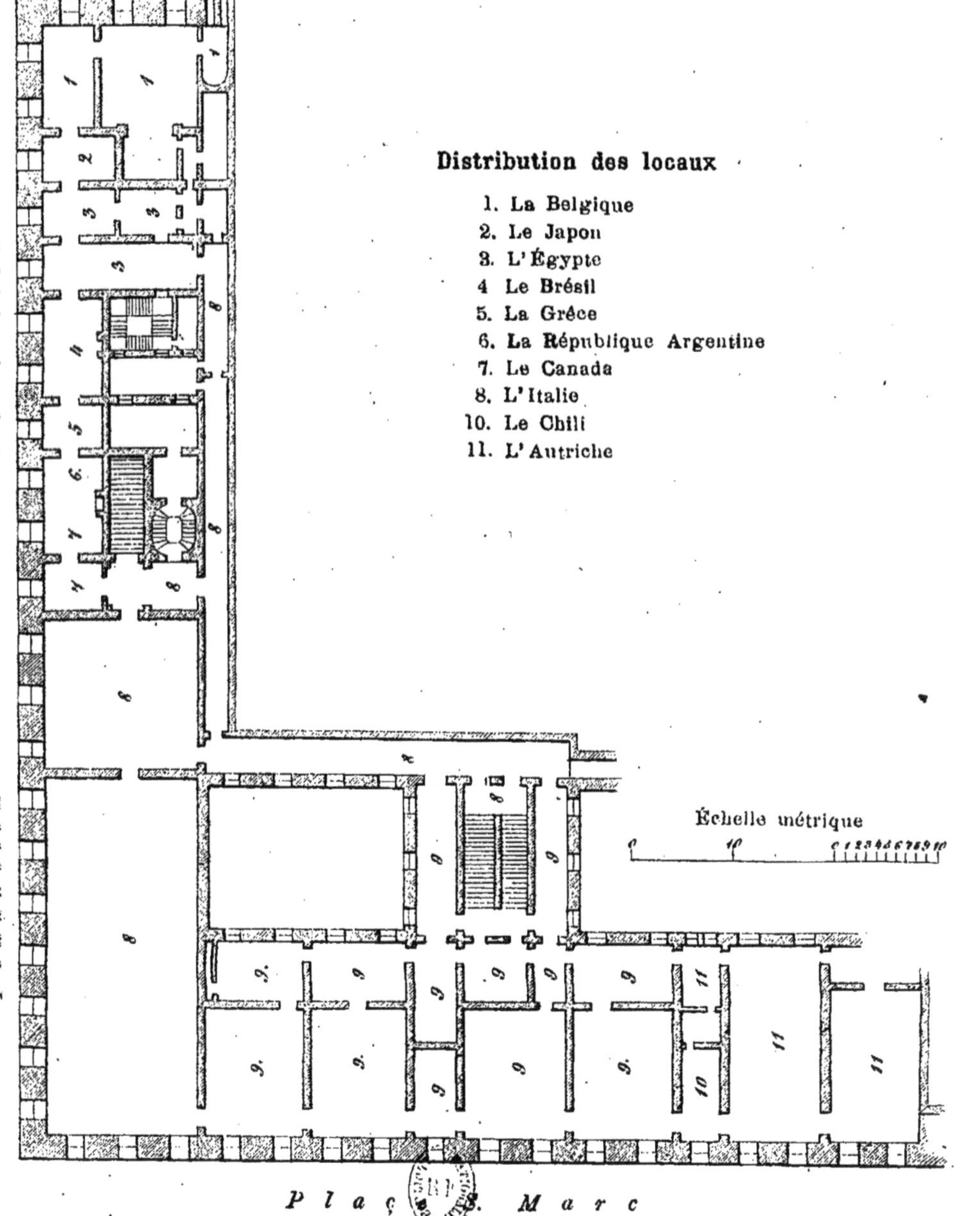

Lit. G. Corradini-Venezia

PLAN DES EXPOSITIONS

II.me Étage

Distribution des locaux

1. La Hollande
2. Les États-Unis.
3. La Hongrie
4. L'Espagne
5. L'Allemagne
6. La Suisse

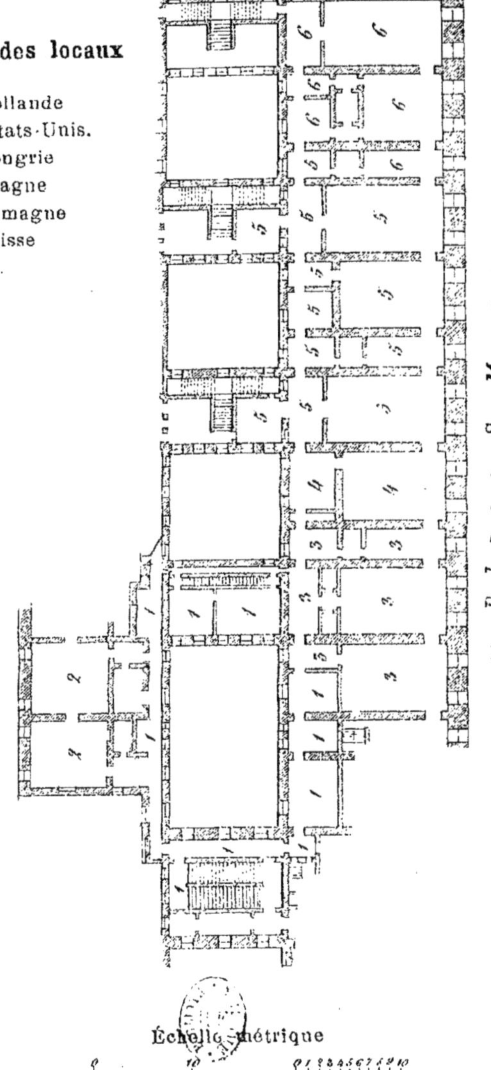

Lit. [illegible] - Venezia

PLAN DES EXPOSITIONS

Pavillon du Jardin Royal

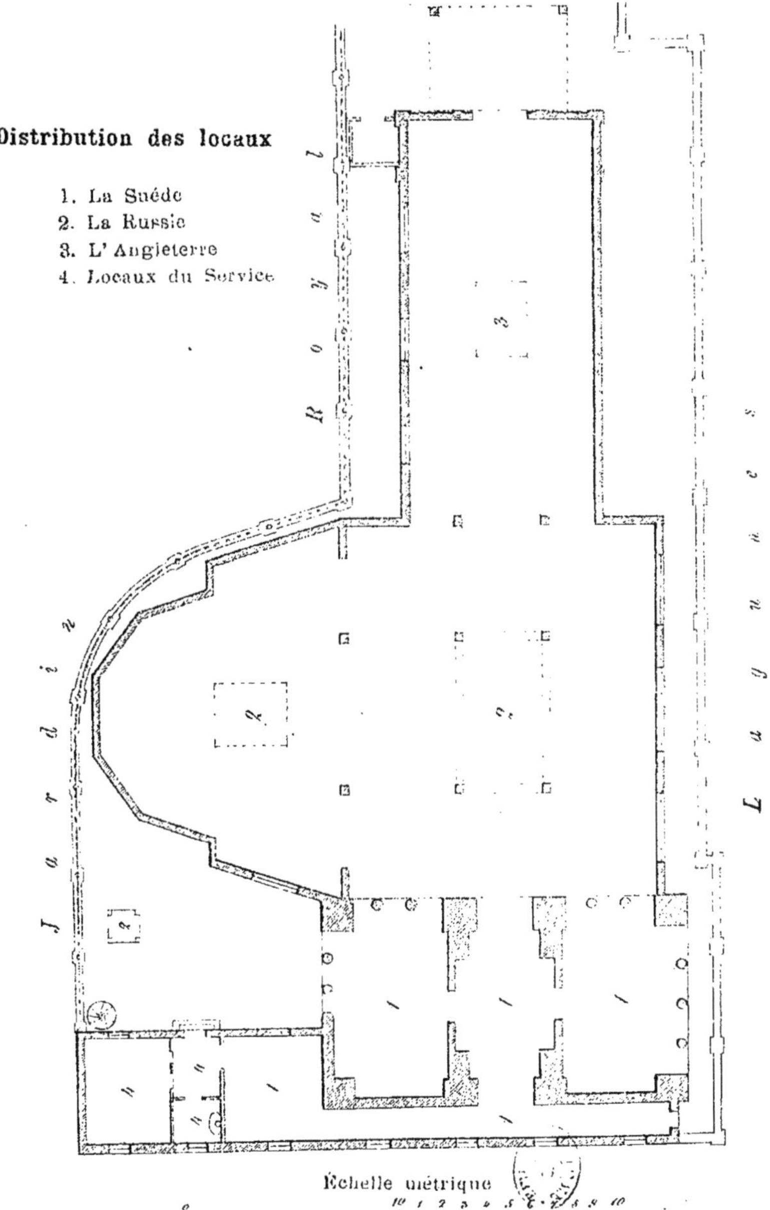

LA HONGRIE

LA HONGRIE

I. CLASSE

GÉOGRAPHIE, MATHÉMATIQUE, GÉODESIE, TOPOGRAPHIE

MUNICIPALITÉ DE BUDAPEST.

1. Egy darab nagy szög-és távrakó egyesitve.
Instrument pour transporter les coordonnées et les abscisses, d'après le nouveau plan dressé par Alexandre Halácsy, ingénieur en chef de la section de géodésie de la Municipalité de Budapest.

2. Egy darab nagy felrakó müszer.
Un grand Coordonnographe pour transporter les coordonnées au 1/1000 de mètre; construit d'après le plan d'Alexandre Halácsy, ingénieur en chef de la section de géodesie de la Municipalité de Budapest.

3. Budapest föváros dunabalparti rétegvonalos térképe.
Carte de la ville de Budapest, rive gauche — Propor. 1"=100° 1/7200; avec le tracé des rues.

4. Budapest föváros donabalparti beltelkeinek térképe.
Carte de la ville de Budapest, rive gauche *(intravillanum)* 1"=40° 1/2880; en une estampe colorée.

5. Budapest föváros háromszögös felmérésének teleknyilvántartása.
Cadastre des mesures trigonométriques de la ville de Budapest — un volume (édition corrigée sur celle qui a été exposée à Paris en 1878).

6. Budapest föváros háromszögös nylvántartása két lapja.
Deux feuilles de cadastre des mesures trigonométriques de la ville de Budapest (l'une en thèse, l'autre en mètres).

7. Budapest főváros dunalberti részén a kőbányai sziklapinczek.

Deux feuilles représentant des levés exécutés dans les cavernes rocheuses de Kőbánya, sur la rive gauche de Budapest. Prop. 1/250.

8. Budapest főváros dunabalparti részének szobályozási terve.

Plan règulateur de la partie gauche de Budapest.
Prop. 1"=10° 1/7200: 9 feuilles en un cadre.

9. Budapest főváros dunajobbparti beltelkeinek fekete könyomata.

Estampe noire lithographique de Budapest, rive droite (Buda des temps anciens, *intravillanum*).
Prop. 1"=40° 1/720; 23 feuilles

10. Budapest főváros dunabalparti lejtmérésének helyszini vázlata.

Plan de nivellement d'une partie de Budapest, rive gauche.
Prop. 1"=10° 1/2880; avec le tracé des rues.
Un volume de 6 feuilles. —

11. Budapest főváros dunabalparti lejtmérésének rétegterves helyszini vázlata.

Plan de nivellement d'une partie de Budapest, rive gauche.
Prop. 1"=20° 1440.
Un volume de 10 feuilles. —

12. Budapest főváros dunabalparti részének háromszögüsitéröl főkönyv.

Cadastre trigonomètrique de Budapest, rive gauche, avec une carte. —

13. Budapest főváros dunajobbparti részének háromszögösitéséröl főkönyv. —

Cadastre trigonomètrique de Budapest; rive droite (Buda des temps anciens) avec une carte. —

14. Budapest főváros dunajobbparti része beltelkeinek összes lejtmérése.

Nivellement complet de la ville de Budapest, rive droite [*intravillanum*] 64 feuilles.

15. Budapest főváros dunajobbparti határanak szinnyomatu térképe.

Carte colorée de tout le contour de Budapest, rive droite. -
Prop. 1"=100° 1/7200.

16. Budapest föváros dunajobbparti beltelkeinek szines másolata.
Copie coloriée de l'*intravillanum* de Budapest, rive droite.
Prop. 1"=10° 1/720; 61 feuilles. —

17. Budapest föváros dunabalparti mérszerü része szines másolata.
Copie colooriée de la partie droite de Bndapest.
Prop. 1"=20° 1/1440; 10 grandes feuilles. —

18. Budapest föváros dunabalparti beltelkeinek szines másolata.
Copie colorée de l' *intravillanum* de la partie gauche de Budapest.

19. Budapest föváros dunabalparti szines másolatának nagy lapjai.
Copie coloriée de la partie gauche de Budapest.
Prop. 1"=40° 1/2880; 14 grandes feuilles

20. Budapest föváros unabalparti beltlkeinek térkèpe szinezve.
Carte coloriée de l'*intravillanum* de la rive gauche de Budapest.
Prop. 1"=1200 1/8640; une feulle, encadrée.

DIRECTION ROYALE HONGROISE DES TRAVAUX GÉODESIQUES ET CADASTRAUX. —

21. Arva megye ëjszak-nyugati részének magasság rètegekkel földmivelési térképe.
Carte représentant les chemins agricoles et les altitudes de la région située au Nord-Ouest du Còmitat d' Arva.
Echelle 1"=500.°

II. CLASSE

HYDROGRAPHIE, GÉOGRAPHIE MARITIME

D.r DEZSÖ BELA Prof. à Budapest.

22. 1 Euspongia officinalis, var. adriatica, Quarnero — 2 Euspo. offic. v. adr. Qu — 3 dit — 4 dit — 5 dit — 6 Euspong. off. var. Quarnerensis — 7 dit — 8 Eusp. adriatica Quar. — 9 Eusp. off. Dalmaziae — 10 Eusp. off. mare

Jonicum — 11 Species indefinita — 12 dit — 13 dit — 14 dit — 15 dit — 17 dit — 18 dit. — 19 dit 20 — dit — 21 Axinella polypoides — 22 dit — 23 Reniera calyx — 24 dit — 25 dit — 26 Reniera sp. — — 27 Geodia placenta — 28 Schmidtia dura — 29 — Myxilla anhelans — 30 dit — 31 dit — 32 dit, varietas — 33 dit — 34 Clathria coralloides — 35 dit — 36 Esperia Lorentii — 37 Sarcotragus spinosulus — 38 dit — 39 dit — 40 dit — 41 dit — 42 Aplysina aërophoba — 43 dit — 44 dit — 45 dit — 46 dit — 47 dit — 48 Cacospongia mollior — 49 dit — 50 Stelletta sp. — 51 Ancorina sp. — 52 Suberites flavus — 53 dit — 54 Suberites lobatus — 55 Raspailia Freyerii — 56 Euspongia off. var. quarnerensis cum Dromia vulg. — 57 Eusp. Adriatica — 58 dit — 59 Stelletta sp. — 60 Viva sp. — 61 Chondrilla nucula 62 Hircinia sp, — 63 Cacospongia sp. — 64 Tethyx lyncmium — 65 Suberites domunculi — 66 Chondrilla nucula — 67 Gumminea ecaudata — 68 Hircinia variabilis — 69 Spongelia avari — 70 Spongelia sp. — 71 Hircinia muscarum — 72 Hircinia flavescens — 73 Grantia pulchra — 74 Loucandra aspera — 75 Sycandra sp. — 76 Species ind. — 77 dit — 78 Suberites flavus — 79 Gumminea ecaudata — 80 Cacospongia mollior — 81 Cacosp. cavernosa — 82 Reniera compacta — 83 Suberites lobatus — 84 Suberites flavus — 85 Geodia sp; — 86 Stelletta, sp. x Hircmia — 87 Halisarca sp. — 88 Geodia placenta — 89 Aplysine aërophoba — 90 dit — 91 Tethyx lyncurium — 92 Reniera calyx — 93 dit — 94 Suberites dom. — 95 Reniera migrescens — 96 Raspailia stelligera — 97 Esperia Lorentii — 98 dit — 99 Euspongia tubulosa — 100 Cacospongia mollior.

LANFRANCONI Énée Ingégnies italien, domicilié à Presbourg, expose par l'intermédiaire de la Société Géographique hongroise :

23. *a)* Un Album de cartes géographiques et de dessins relatifs au règlement de Fiume-Danube, accompagné d'un texte hongrois, allemand et français.

b) Une carte comme ci-dessus.

LITROW (de) Henri, Ispecteur R. de la marine hongroise.

24. Plan plastique de l'Ile de S. Paul dans l'Océan indien.

25. Cadre peint à l'huile représentant l'île de S. Paul (vue à vol d'oiseau).

26. Plan plastique des ports de Pesaro e de Segna.

MUNICIPALITÉ DE BUDAPEST.

27. Alap és vizhelvezeti térképe Buda és Pest fővárosainak.
Carte antique hydrographique de Buda et de Pest, par Ladislas Vörös, 1833,

III. CLASSE

GÉOGRAPHIE PHYSIQUE, MÉTÉOROLOGIE, GÉOLOGIE, BOTANIQUE, ZOOLOGIE.

ATHENÆUM, SOCIÉTÉ PAR ACTIONS DE LITTÉRATURE ET DE DESSIN.

28. Hunfalvy Doct. Jean. Ég és Föld.
Le Ciel et la Terre, ou la Géographie astronomique.

29. A Magyar Birodalom természeti viszonyainak leirâsa.
Géographie physique du Royaume dè Hongrie, 3 volumes.

BERECZ Antoine, Directeur de l'école R. Pub. Supér. féminine et Sécretaire général de la Société géographique Hongroise.

30. Természet.
Histoire naturelle, Journal pour le partage des Sciences naturelles et géographiques I-X.

de HANTKEN chev. Maximilien, Directeur de l'Institut R. Géologique de Hongrie.

31. A Magyar Korona országainak széntelepei.
a) Les filons et les fouilles des mines de charbon du territoire de la Couronne de Hongrie.
b) Le même ouvrage traduit en allemand.

HATSEK Ignace cartographe r. hongrois.

32. Carte en relief du mont Görgény.
33. Carte ipsomètrique du mont Görgény.
34. Carte ipsomètrique du mont Lajta.
35. Mappa diœcesis Magno-Varadinensis latinorum, 181.
36. Cartes météorologiques.

HERMAN Otton, député au Parlement Hongrois.

37. Termèszetrajzi Füzetck,
Cahiers d'histoire naturelle, vol I-IV.

INSTITUT R. GÉOLOGIQUE DE HONGRIE. Le Doct. Max. Hantken, Directeur.

38. Carte géologique, d' une partie de la Hongrie. en grand format.
39. Album contenent des cartes géologiques.
40. Diverses publications de l'Institut géologique.

INSTITUT R. CENTRAL DE MÉTÉOROLOGIE ET DE MAGNÉTISME TERRESTRE. Le Doct. Gui Schenzl, Directeur.

41. Annales de l'Institut R. Central de météorologie et de magnétisme terrestre, 1871-79, vol. I-IX.
42. Climatographie de Budapest. Cartes représentant les conditions météorologiques et magétiques des pays de la Couronne de Hongrie, exécutées à l'Institut ci-dessus mentionné.
43, Carte représentant les observatoires météorologiques de l'Institut Hongrois.
44. Courbes isobaromètriques du mois de Ianvier.
» » » d'Avril.
» » » de Iuillet.
» » » d'Octobre.
45. Lignes isothermiques jointes â des observations du mois de Janvier.
» » » » » » d'Avril
» » » » » » de Juillet
» » » » » » d' October.

46. Lignes isothermiques annuelles, précédant les observations directes.

47. Lignes isothermiquss réduites au niveau de la mer, dans le mois de Janvier
» » » » d' Avril
» » » » de Juillet
» » » » d'Octobre

48. Lignes isothermiques et isanomales annuelles, le tout réduit au niveau de la mer.

49. Partage annuel de la pluie, d' après des observations de 9 ans.

50. Partage des journées pluvieuses; observations de neuf ans.

51. 1. Lignes isogoniques dans les pays de la Couronne de Hongrie pour l' année 1850, d'après les levés du Doct. Charles Kreil.
2. Lignes isodynamiques . . . . dit.
3. Lignes isocliniques . . . . dit.

52. Lignes isogoniqnes des pays de la Couronne de Hongrie, pour l' année 1875, d' après les observations du Doct. Gui Schenzl.

53. Lignes isodynamiques du Doct. Gui Schenzl.

54. Lignes isocliniques du Doct. Gui Schenzl.

55. Conditions météorologiques de Budapest. Moyenne température de l' air, pour chaque cinquème de l' année à Budapest.

56. Cours normal annuel de le chaleur du soleil à Budapest.

57. 1. Cours annuel de la pression atmosphérique.
2. Cours annuel de la tension des évaporations et de l'humidité relative, à Budapest.

58. Quantité moyenne mensuelle de la pluie pendant le cours de 19 années.

PÉCHY ÉMÉRIC, Directeur de l' Imprimerie R. des Etats Hongrois.

59. Budapest és Környéke.
Budapest et ses environs. — Carte originale en relief avec le tracé des rues.
Prop. 1/36000.

60. Budapest és környékének térképe,
Carte de Budapest et de ses environs, avec lignes représentant les altitudes. Imprimé colorié.

POSNER Charles Louis. Institut graphique de Buda-Pest.

61. Carte des Diocèses hongrois; imprimé colorié, 4 feuilles.

62. Carte orohydrographique de la Hongrie.

63. Carte des Comitats de Békés, de Trencsén et de Hunyad. Essai de dessin.

64. Carte coloriée représentant les divers signes en usage pour les cartes géographiques.

SOCIÉTÉ GÉOGRAPHIQUE HONGROISE. Le doct. Jean Hunfalvy, Président,

65. Földrajzi Közlemények.

Bulletin de la Société géographique Hongroise, vol. I-VII.

SOCIÉTÉ GÉOLOGIQUE HONGROISE.

66. Publications.

SOCIÉTÉ DE MÉDECINS ET DE NATURALISTES HONGROIS.

67. I. Compte-rendus des réunions.

Pest, Pest, Beszterczebanya, Temesvar, Kolozsvar, Pécs, Kassa, Eperjes, Sopron, Pest, Maros-Vásárhely, Pozsony, Rimaszombat, Eger, Fiume, Arad, Mehádia (Herkulesfürdö), Györ, Elöpatak, Máramaros, Sziyet, Budapest.

68. II. Monographies des villes: de Pozsony, Gömör et Kis Hont; des Comtés, de Heves et Külsö-Szolnok, Fiume, Arad, Mehádia (Herkulesfürdö) Györ, Elöpatak, Máramaros, Budapest, Savaria, (Szombathely).

SOCIÉTÉ R. HONGROISE DE SCIENCES NATURELLES. Le Doct. Coloman Szily, Président.

69. Journal des sciençes naturelles, vol. I-XII.

70. Les Rotatoires de Hongrie.

71. Les maladies des végétaux cultivés.

72. La faune des araignées de Hongrie.

73. Monographie des Lygéides de Hongrie.

74. Les minéraux de fer et les produits des grosses forges de Hongrie.

75. Le tabac de Hongrie.

76. La grotte à glacier de Dobsina.

77. Les lits des minéraux de fer de Hongrie.

78. Flux et reflux dans la baie de Fiume.

79. Bibliographie hongroise des sciençes naturelles et mathématiques.

80. Observations relatives au magnétisme terrestre en Hongrie.

81. Traités populaires sur les sciences naturelles.

ATELIER R. DE DESSIN DE L'ÉTAT HONGROIS.
E. *Péchy, Directeur.*

A. Tátra hegység térképei.

82. Carte des monts Tàtry, avec les lignes ipsométriques et les lignes de culture.

Prop. 1.=57600.

83. Carte ipsométrique des monts Tàtry; dessin colorié.

Prop. 1/57600.

84. Carte des monts Tâtry; levé original.

Prop. 1/57600.

85. Carte des monts Tâtry; dessin colorié.

86. Carte en relief des monts Tâtry; levè original.

Prop. 1/57600.

87. Carte en relief des monts Tâtry, copie galvanoplastique.

Prop. 1/57600.

Le Doct. MAURICE STAUB. Professeur au Séminaire R. pour les écoles moyennes.

88. Travaux phénologiques relatifs au pays de la Couronne de Hongrie.

Dessins et croquis graphiques.

IV. CLASSE

GÉOGRAPHIE ANTHROPOLOGIQUE, ETHNOGRAPHIQUE, PHILOLOGIE

HUNFADVY Paul, membre de l' Académie des Sciences de Hongrie. —

89. Magyarország Ethnographiája.
Ethnographie de la région hongroise. —

90. Kún vagy Petrarca codex.
Conférence sur le code Cumano de Pétrarque. —

91. A Vogul föld és nép.
Le peuple et le pays des Voguls

92. Finn Olvasó Könyv.
Chrestomathie Finnoise. —

93. A Kondai Vogul nyelv.
Langue des Voguls du fleuve de Konda.

94. Éjszaki Osztjak nyelv.
Langue des Ostiacs Septentrionaux.

KNOLL Charles, libraire de l'Académie hongroise des Sciences. —

95. Finn nyelvtan.
Grammaire de la langue Finnoise par Joseph Budenz, prof. de l' Université. —
II. édit. Budapest, 1880.

96. Magyar-Ugor összehasonlító szótár.
Dictionnaire comparatif Magiaro-Hongrois, par Joseph Budenz, prof. de l'Université.
Budapest, 1873-81.

KOLLER Charles, professeur photographe de la Cour R. Hongroise. —

97. Études ethnographiques sur la Transylvanie (Hongrois, Saxons, Roumains et Bohémiens).

98. Kun Comte Géza. Le Code Cumano de Pétrarque.
Budapest, 1881.

Székely mivelödesi es Közgazdasági Egycsület.

SOCIÉTÉ DE CULTURE GÉNÉRALE ÉCONOMIQUE ET POLITIQUE.

99. A fenti czimü egylet óvkönxve.
Bulletins de la Société ci-dessus mentionnée, I-V, 1876-1880.

100. Kozma Ferencz. A székely föld mivelödési és közgazdasági leitása.
Kozma Francois. — Descriptions du pays des Siculs sous l'aspect économique et politique, ainsi que sous celui de la culture générale.

V. CLASSE

GÉOGRAPHIE HISTORIQUE, HISTOIRE DE LA GÉOGRAPHIE

APPONYI Comte Alexandre.

101. Tabula Hungariæ, opus P. Apiani, 1528. Ingolstadii.
La même mappe, autre édition
Venetiis apud Valzasorium, 1533.

BIBLIOTHÈQUE DU MUSÉE NATIONAL HONGROIS.

102. Mathias Bél. Adparatus ad historiam Hungariæ.
Posonii, 1735, in fol.

103. Mathia Bél. Notitia Hungariæ novæ.
Viennæ, 1745-1742, tomi 5, in fol.

104. Bronovius M. Tartariæ, Transsylvaniæ ac Moldaviæ descriptio.
Colon. Agripp. 1595. in fol.

105. Chartæ geographicæ Imperii turcici cum provincis. hungaricis.
Parisii, 1681-1696, in fol.

106. Chartæ hydrographicæ et nauticæ Hungariæ, 1737, in fol.

107. Conspectus aliquot civitatum et oppidorum Hungariæ et Transsylvaniæ.
Posonii et Budæ, (16 . .) in fol.

108. Görög Demetrio. Magyar Atlasz. Atlas hongrois.
Vienne, 1802, in fol.

109. Lucius. De regno Dalmatiæ et Croatiæ libri sex.
Francoforte, 1666, in fol.

110. Mapæ cunfiniariæ regni Hungariæ.
S. I. e. a. in fol.

111. Marsigli A. Danubialis operis prodromus.
S. I. 1700, in fol.

112. Danubius pannonico-mysicus.
Hagæ et Amsterodami tom. 6, in fol.

113. Prospectus arcium hungaricarum, in fol.

114. Tabulæ geographicæ Hungariæ.
Vindob. Norimb. ecc. 1682-1805, in fol.

115. Tabulæ XIII, repræesentantes regnum Hungariæ.
Vindobonæ, 1737, in fol.

116. Turòczi L. Hungaria suis cum regionibus uterisque terræ dotibus, 1729, in fol.

117. Bartholomæides L. Comitatus Gömöriensis notitia.
Leutschozia, 1806-1808, tom. 2, in-4.

118. Benkö. Topographia oppiei Miskolcz.
Cassoviæ, 1782, in-4.

119. Bombardus M. Topographia regni Hungariæ.
Viennæ, 1718, in-4.

120. Confini antiqui et moderni del regno d' Ungheria.
Firenze, 1789, in-4.

121. Cordato St. Beschreibung des Königreichs Hungarn.
Description du royaume de Hongrie. —
Vienne, 1707, in-4.

122. Coronell. Regno di Ungeria.
S. I. e a. in-4

123. Doglioni I. N. L' Ungheria.
Venetæ, 1595, in-4

124. Han P. C. Alt und neu Pannonie.
Pannonie nouvelle et ancienne.
Norimberg, 1686, in-4.

125. Hauer G. J. Das königliche Siebenbürgen. Royaume de Transylvanie.
Erlangen, 1763, in-4.

126. Hogelius Z. Buda, urbium atque arcium per Europam celeberrima.
Erfurti, 1687, in-4.

127. Icones civitates hungaricas repræsentantes.
S. I. e. a. in-4.

128. Iconographia quarumdam Hungariæ urbium.
S. l. e. a. in-4.

129. Hungaria hodierni temporis.
Posonii, 1750, in-4.

130. Katancsich M. Specimen philologiæ et geographiæ Pannoniorum.
Zagabria, 1793, in-4.

131. Lipski J. Mappa generalis regni Hungariæ.
Pesth, 1806, in-4.

132. Mappæ comitatuum Hnngariæ.
Viennæ, 1753, in-4.

133. Mollerus D. G. De Transsylvania.
Altdorf, 1700, in-4.

134. Papanek G. Geographica descriptio comitato Barányensis.
Quinque Ecclesiarum, 1783, in-4.

135. Scharffenstein. Geographische Beschreibung der Städte und Vestugen.
Description géographique de la Ville et des forts.
Norimberga, 1737, in-4.

136. Schödel M. De Regno Hungariæ.
Argentoratum, 1629, in-4.

137. Schurzfleischius C. De Sirmio.
Vittembergæ, 1690, in-4.

138. Stocker L. Thermographia Budensis.
Aug. Vind. 1721, in-4.

139. Szentmiklòssy Q. Terra seu provincia Scepusiensis.
Leutscovia, 1779, in-4.

140. Szerdahelyi. Celebriorum Hungariæ urbium celebriora.
Tyrnaviæ, 1701, in-4.

141, Tentamen publicum ex geographia Hungariæ.
Taurini, 1776, in-4.

142. Timon S. Imago antiquæ Hungariæ.
Viennæ. 1754, in-4.

143. Visconti — Mappa della Transilvania.
Hermanstadt, 1699, in-4,

144. Zimmermann W. Eikonographia aller ung. Statt und Vestungen.
Iconographie de toutes les villes et forteresses de la Hongrie, 1605, in-4.

145, Adami P. Hydrographia comitatus Trencsiniensis.
Viennæ, 1766, in-8.

146. Albrizzi G. L'origine del Danubio con li nomi antichi dei fiumi.
Venetia, 1685, in-8.

147. Behamb I. Notitia Hungariæ antiquo-modernæ.
Argentoratum, 1676, in-8.

148. Beke M. Topographia comitatuum Nagy-Hortensis et Neogradensis,
Budæ, 1790, in-8.

149. Bél Math. Compendium Hungariæ geographicum.
Posonii, 1753, in-8.

150. Benkö I. Transsylvania.
Vindobonæ, 1778, 2 tom. in-8.

151. Beschreibung des königreichs Ungarn.
Description du Royame de Hongrie.
Norimberg, 1664, in-8.

152. Bizozeri S. Notizia particolare dello stato passato e presente de' regni d' Ungheria.
Bologna, 1686, in-8.

153. Bizozeri S. Notizia dello stato de' regni d' Ungheria.
Bologna, 1687, in-8.

154. Bouttats G. Description des Royaumes de Hongrie et Dalmatie.
Anvers, 1688, in-8.

155. Cassovia vetus ac nova.
Cassovia 1734, in-8.

156. Civitates et oppida Hungariæ.
S. l. e. a., in-8.

157. Csiba St. Dissertatio historico-physica de montibus Hungariæ.
Tyrnaviæ, 1714, in-8

158. Dacia nova.
Claudiopoli, 1743, in-8.

159. Disertatio de admirandis Hungariæ aquis.
Tyrnavie, 1713, in-8.

160. Éder K. Erdélyország ismertetésének zsengéje.
Discription de la Transylvanie.
Kolozsvár és Szeben, 1796, in-8.

161. Elenchus civitates, oppida et pagos in Transsylvania existentes exhibens.
S. l. e. a. in-8.

162. Freschot C. Idea del Regno di Ungheria.
Bologna, 1684, in-8.

163. Fucker Fr. Versuch einer Bescheibung des Tokayer Gebirges.
Essai d' une déscription des montagnes du Tokaj.
Vienne, 1790, in-8.

164. Geographie und Geschichte des Königreichs Ungarn.
Géographie et Histoire du Royaume de Hongrie. —
Presbourg 1785, in-8.

165. Imago Hungariae.
Cassoviæ, 1721, in-8.

166. Kitaibel. Hydrographia Hungariæ.
Pest, 1829, 2 tom. in-8.

167. Korainski M. Geographisch-historisches und Produkten Lexicon von Ungarn.
Dictionnaire historique et géographique de Hongrie et des produits hongrois.
Presbourg, 1786, in-8.

168. Kazinczy Fer. Magyarország geographiája.
Géographie de la Hongrie
Kassa, 1775, in-8.

169. Kovachich G. Scriptores rerum hungaricarum minores.
Budæ, 1798, 2 tom. in-8.

170. Kreckwitz G. Totius Transsylvaniæ descriptio.
Norimberga e Francoforte, 1688, in-8.

171. Kreckwitz G. Totius regni Hungariæ descriptic.
Norimb. et Francf., 1685, in-8.

172. Losontzi I. Hármas kis tükör.
Déscription géographique sous un triple aspect.
Posonio, 1773, in-8.

173. Magyar, és Erdélyországnak rövid ismertetése.
Déscription brêve de la Hongrie et de la Transylvanie.
Pest, 1791, in-8.

174. Lazius W. Des königreichs Ungarn chorographica Beschreibung.
Déscription chorographique du Royaume de Hongrie.
Vienne, 1556, in-8.

175. Nomina et series Transsylvaniæ.
1782, in-8.

176. Paget I. Hungary and Transsylvania.
London, 1839, in-8.

177. Szaller Gy. Magyarorszag földleirásának rövid foglalatya.
Déscription de la Hongrie
Posonio, 1796, in-8.

178. Szászky T. I. Conspectus introductionis in notitiam Hungariæ geographiam.
Posonii, 1759, in-8.

179. Szerdahely G. Celebrium Hungariæ urbium et oppidorum chorographia.
Cassoviæ, 1632, in-8.

180. Szirmay A. Szathmár vármegie esmérete.
Déscription du Comitat de Szatmár.
Buda, 1809, in-8.

181. Szirmay A. Notitia comitatus Ugochiensis.
Pest, 1805, in-7.

182. Szirmay A. Notitia comitatus Zempliniensis.
Cassoviæ, 1798, in-8.

183. Timon S. Imago antiquæ et novæ Hungariæ.
Tyrnavæ, 1735, in-8.

184. Benkö F. Geografia Ungherese.
Kolozsvár, 1801-1802, 3 vol. in-8.

185. Bertalanffy P. Világnak kèt rendbéli rövid isméretc.
Déscription du monde sous un double aspect.
Nagvszombat. 1757, in-8.

186. Eléments géographiques.
Tyrnaviæ, 1769, in-8.

187. Ferenczy I. Közönséges geographia.
Géographie élémentaire
Pest, 1089, in-8.

188. Fresnoy L. Gyermekek geographiája.
Géographie pour les enfants. —
Szeben, 1759, in-8.

189. Frölichius D. Medulla geographiæ praticæ.
Bartqh, 1639, in-9.

190. Geographica globi terraquei synopsis.
Cassaviæ, 1632, in-8.

191. Geographia nova.
Tyrnaviæ, 1725, in-8

192. Magyar egyetemes geographia.
Géographie comparative de la Hongrie 1756, in-8.

193. Rüvid geographia.
Traité abrégé de géographie.
Pest, 1796, in-8.

194. Höbner J. A. geographiai tudománynak első kezdete.
Premiers éléments de la science de la géographie. —
Hala, 1749, in-8.

195. Köszegi I. Compendii historici, pars I-II.
Claudiopoli, 1633-1634, in-8.

196. Lenglet, gyermekek röviden egybfoglalt geografiája.
Traité abrégé de la géographie pour les enfants.
Szeben, 1750, in-8.

197. Soos M. Közönséges geografiája.
Géographie Universelle.
Kolozsvár, 1803, in-8.

198. Szásky T. Introductio in orbis hodierni geographiam.
Posonii, 1748, in-8.

199. Vétsey P. Magyar geografiája.
Géographie de la Hongrie
Nazy-Károly, 1757. in-8.

200. Respublica et status regni Hungariæ.
Lugd. Bat., 1634, in-8.

201. Budai E. Oskolai magyar uj Atlas.
Nouvel atlas de la Hongrie pour les écoles.
Debreczen, 1804.

202. Greipel E. Magyar nemzeti Atlas,
Atlas, national de la Hongrie
Pest, 1817-1818.

203. Baken. Teatro dell' accampamento contro i francesi.
Vienna, 1793.

204. Görög Europának Közönséges táblája.
Table élémentaire de l'Europe
Vienna, 1790.

205. Lotter T. C. Tabula totius fluminis Danubii a fontibus usque ad ostia,
Augustæ Vind.

206. Italia Romana,
Budæ,

207. Index omnium quaæ in Hungariæ mappa edita reperiuntur etc,
Vienna, 1710.

208, Atlas Hungariæ cum partibus, adnexis.
Posonii, 1750-1751.

209, Parvus Atlas sefert regnum Hungariæ cum adjacentibus provinciis,
Vienna, 1739.

210. Fritsh. Tabula regni Hungariæ,
Posonii, 1753.

211. Hell M. Tabula geografica Hungariæ veteris, ex historia Anonymi, Belæ regis notarii.
Pest, 1801.

212. Korabinski J. Novissima regni Hungariæ tabula.

213. Krieger S. Regni Hungariæ tabula.
Posonii.

214. Lazius W. Hungariæ descriptio.
1575.

215. Lipski J. Mappa generalis regni Hungariæ ecc,
Pest, 1807,

246, Mappa postalis regni Hungariæ partiumque ecc.
Pest, 1802.

217. Regnum Hungariæ.
Posonii, 1750-1751.

218. Sambucus J. Hungariæ loca præcipua recens emendata ecc.
1579.

219. Sibmacher I, Totius Hungariæ et Transsylvaniæ delineatio.
Norimberga.

220. Stier M, Landkarten des Königreichs Ungarn.
Cartes du Royaume de Hongrie. 1664.

221, Tabula nova regni Hungariæ,
Posonii, 1792,

222, Vályi A. Magyarországnak földképe,
Déscription de la province de Hongrie
Pest, 1798.

223. Vischer N. Totius regni Hungariæ etc. tabula. 1683.

224. Balla A. Mappa comitatuum, Pest-Pilis-Solt. etc. 1793,

225. Barzelini I. Temeschvarer Bannat.
Le Banat de Temesvar.
Vienne, 1788.

226. Comitatus Posoniensis,
Norimberga. 1757.

227. Fucker. Comitatus Sarosiensis tabula.
Eperjes, 1733.

228. Kray d: R. Terræ seu comitat. Scepusiensis tabula.
Norimberga.

229. Utzer St. Mappa diœcesis Wesprimiensis.
Pest, 1741.

230. Chorographia Transylvaniæ.
Basileæ. 1532.

231. Sambucus J. Transilvania·
Viennæ, 1566.

v32. Transsylvania. A. i.

233. Székely István ; Chronica ez Vilagnak jeles dolgairol.
Chronique des choses illustres du monde.
Cracovie, 1559, in-4.
(C' est la plus ancienne chronique hongroise imprimée).

234. Heltai Gáspár. Chronica az Magyaroknac dolgairol.
Chronique des alliances des Hongrois.
Kolozsvárott, 1575, in fol.
(Il n'existe que deux copies complêtes)

235. Szepsi Csombor Márton. Europica varietas.
Ouvrage très ancien en hongrois sur les voyages.
Kassán, 1620, in-12.

236. Comenius Amos. Orbis sensualium pictus trilinguis.
Leutschoviæ, 1685, in-8.
(Avec texte hongrois, latin et allemand)

237. Costantinapoly Varossanak leirasa.
Déscription de la ville de Constantinople. —
Löesen, 1688, in-8.

238. Cisio, azaz az Astronomia rövid leirása.
Abrègè de sciences astronomiques.
S. I. e. a. in-8.

239. Cisio Magyar nyelven,
Traité d' Astronomie.
Debreczen, 1592, in-8.

240. Honterus I. Chorographia Transylvaniæ,
Basilæ, 1532.

241. Litterati Nemes Antal Kalendárioma 1489.
(Legrègibb magyar kalendárioma kéziratban).
Le plus ancien calendrier hongrois, que l' on connaisse.

242. Globo terraqueo per Ladislao Perczel, deputato al Parlamento ungherese.
Le diamètre est de 130 centim.
Kömlöd (Ungheria). 1862.

EGAN Louis, officier.

243. Rasilio Batatzi. Charta partis Asiæ.
Londini, 1732.

MIRCSE Chev. Jean

244. Magini Jean Antoine. — Géographie á laquelle est jointes la déscription de la Transylvanie de Iean Ertil Transylvain.

Padoue, 1621.

245. Degli Anzi comte Aurèle. Le Génie errant. Bibliothèque intéressante de plus de cent relations de voyages á l' étranger. — Recueil de voyages.

Parme, 1691.

246. Kurze geographisch-statistiche Beschreibung des Königreichs Bosnien.

Description bréve géographique et statistique du Royaume de Bosnie.

Vienne, 1789.

247. Récit bref du voyage de l' Empereur Léopold I.er en Styrie, Carinthie, à Carnile, Gorice et Trieste, 1661.

248. Bocignoli Miciulis, Ragusei. Epistola ad Gerardum Planium, Cæsareæ Majestatis Secretahæm, dans laquelle il fait la déscription de la Valachie

Datum Ragusii, die XXIX Junii, 1524.

249. Melchior et Zavoreo. Nouvelle carte topographique de la Dalmatie

Venise, 1787.

250. Zavoreo. Mémoires statistiques sur la Dalmatie,

Venise, 1821.

251. Coronelli (père). — Royaume de Hongrie ; ouvrage dédié à l' Empereur Joseph I.er et contenant une grande quantité de dessins topographiques des principales villes et forteresses de la Hongrie. —

252. Nicolai (de) Nicolo. Navigations et Voyages en Turquie, avec figures et costumes turcs de l'époque. —

Anvers, 1588,

253. Dinale Nicolas. Dialogue sur la sphère du monde.

Venise, 1579.

254. Toppeltino Laurentius de Medyes. Origines et occasus Transilvaniorum ; avec figures et costumes de l'époque. —

Lugduni, 1667.

255. Del Chiaro Antoinemariæ, florentin. — Histoire des révolutions modernes de la Valachie, avec la déscription du pays, des aspects naturels, des costumes etc.
Venise, 1718.

256. Bassi Dominique Jean. — Côtière de la mer Adriatique, avec indication de tous les ports, rades, baies et îles.
Venise, 1812.

257. Elementale Cosmographicum.
Argentorati, 1539.

258. Grotius Hugo. Syntagma Arateorum. Opus pœcticæ et astronomiæ studiosis utilissimum. Ex officina Plantiniana.
Lugduni Bat. 1600 (avec dessins).

259. Spectacle des Villes de l'Italie. —
Padoue, 1629.

260. Bartholini Erasmi. De Cometis anni 1664, 1665.
Hafniæ, 1665.

261. Picardt Jean. — Déscription des pays autour de la Mer du Nord. —
Amsterdam, 1660.

262. De la Motraye A. — Voyages en Europe, en Asie et en Afrique.
La Haye, 1727. 2 vol.
(L'auteur dépeint aussi la vie de famille, qui conduisit le comte Eméric Tököly à Constantinople).

263. Cellario Andrea. Regni Poloniæ magnique Ducatus Lituaniæ descriptio.
Amsterodami, 1659.

264. Cox. Nouvelles découvertes des Russes entre l'Asie et l'Amérique, 1781.

265. Doglioni Jean Nicolas. — La Hongrie expliquée par l'Auteur, avec Carte géographique relative.
Venise, 1595.

266. Scala comte Ercole. La Hongrie abrégée par l'Auteur, avec gravures de la Ville, des forteresses, etc.
Modène, 1685.

6

267. Sponcir Otton. Histoire de la guerre de Hongrie, avec gravures de la ville et des forteresses, et une Carte géographique. —
Venise, 1685.

268. Burja Abel. Observations d'un voyageur sur la Russie, la Finlande, la Livonie, la Courlande et la Prusse.
Maestricht, 1787.

269. Notices historiques, politiques, géographiques et statistiques sur la Valachie et la Moldavie, avec estampes coloriées.
Milan, 1821.

270. Smangini G. — Coup d'oeil agréable en Grèce, en Ègypte, Turquie, sur le Danube, ainsi que de Vienne à la Lombardie. —
Milan, 1844.

271. Belio Carlo Andrea. De vera origine et epocha Hunnorum, Avarum, Hungarorum in Pannonia.
Lipsiæ, 1757 (Brochure).

272. Manzi Pietro. Ambassade de Théodose le jeune à Attila Roi des Huns.
Rome, 1827.

273. P. Callimachi Experientis. De bello Turcis inferrendo Oratio gravissima. Item eiusdem Historia de his quæ a Venetis tentata sunt Persis ac Tartaris contra Turcos movendis.
Haganae 1533. Première édition originale.

274. Bessarione cardinal Nicenò. Lettres et Sermons adressós à des Princes de l'Italie, afin de les activer contre les Turcs.
Florence 1594.

275. Becattini François. Histoire de la Crimée, petite Tartarie, avec une carte géographique. —
Venise, 1785.

276. Sestini Dominique. Voyage intéressant, scientifique, antiquaire pour la Valachie, la Transylvanie et la Hongrie.
Florence 1815.

277. Èveil contre la puissançe ottomane, avec la description de beeaucoup de pays du Levant.
Lucerne, 1646.

278. Histoire des Révolutions de Hongrie, en six volumes, avec le portrait du Prince François Ragoczi, et une carte géographique de la Hongrie.
La Haye, 1739. 3 Volumes.

279. Dobrovski I. Svolanka. Ouvrage touchant les peuples slaves. Prague, 1814.

280. Lüdeke Chistophe Guillaume, Pasteur évangélique. Déscription véridique de l'Empire Ottoman.
Leipzig 1770, (ouvrage écrit en allemand).

281. Formaleoni A., Histoire philosophique et politique de la navigation, du commerce et des colonies des anciens sur la Mer Noire.
Venise, 1788, 2 Vol.

282. Bomman Jeanantoine, Histoire civile et ecclésiastique de la Dalmatie, de la Croatie et de la Bosnie, avec une carte géographique des pays susdits.
Venise, 1775, 2 Vol.

283. Mémoires de la Cour de Vienne, contenant les remarques d'un Voyageur etc.
Cologne, 1705.

284. De Frèddy Jeanlouis. Déscription de le ville, des faubourgs et des environs de Vienne.
Vienne, 1880.

285. Noe (frère). Voyage de Venise au Saint Sépulcre, avec des tables.
Bassano, 1781.

286. Marone docteur Charles. La Hongrie vengée en 1688, avec la carte géographique de la Bosnie et de la Transylvanie.
Milan, 1689.

287. Deguignes M. Histoire générale des Huns.
Paris, 1756, 5 vol.

288. Campana César. Abrégé historique des dernières guerres Turques, dans lequel on décrit celles faites en Hongrie et en Transylvanie jusqu' à l'année présente, 1597, avec une carte géographique de la Hongrie.
Venise, 1597.

189. Frescot Casimir. Ébauche générale du Royame de Hongrie. Venise, 1684.

290. Déscription de la ville de Venise, en langue allemande. Augusta, 1685.

291. L'origine du Danube, avec une chronique hongroise et turque abrégée, ornée de 40 estampes.
Bologne, 1684.

292. Bizozeri Simplicien. Notices particulières sur le Royaume de Hongrie, la Croatie et la Principauté de Transylvanie, aver la déscription de tous les Comitats, les villes et forteresses etc.
Bologne, 1687.

293. Observations historiques, naturelles et politiques sur la Valachie et la Moldavie.
Naples, 1788.

294. Un paquet de six brochures sur la prophêtie en langue allemande pour les années 1554-1571.

295. Marsilii Louis, Ferdinand. Observations sur le Bosphore Thracien, ou Canal de Constantinople.
Rome, 1681.

296. Sestini abbé Dominique. Lettres et voyage pour la peninsule de Cizio par Brousse et Nicée.
Livourne, 1785.

297. Marsigli. Etat militaire de l'Empire Ottoman ; ouvrage orné de beaucoup de tables et dessins.
Aja, 1732.

298. Renouard Th. Baron de Bussière. Sécretaire d'ambassade. Lettres sur l'Orient écrites pendant les années 1827 et 1828
Atlas. Paris, 1829.

299. Lasor Alpholsuns a Varea. Universus terrarum orbis scriptorum calamo delineatus.
Padova, 1713, 2 vol.

300. Inghiramio Curzio. Ethruscarum antiquitatum fragmenta. Antiquissimus Wlterre, regiae olim Thuscorum urbis typus et monumentis et vestigiis antiquitatis desumptus.
Francofurti, 1637, avec cartes topographiques.

301, Schurzfleisch C. S, Disputationes historicae civiles.
Lipsiae, 1699,

302. Histoire des opérations militaires en Europe pendant la guerre commencée en 1756, et finie au dèclin de 1760, avec tous les plans militaires, ainsi que les déscriptions géographiques et topographiques de divers pays.
Amsterdam, 1756-1760. 5 volumes.

303. Histoire politique et militaire de la guerre actuelle contre la France, accompagnée de cartes topographiques, écrite par un officier du génie autrichien.
Venise, 1800. 3 vol.

304. Huyssen Henri. Mémoires militaires du général Prince de Montecuccoli, actions de l' auteur, mises à jour.
Colonia et Ferrare. (Première éditioné ; intéressante aussi au point de vue des descriptions qu' elle contient sur la Hongrie, l' Italie et la Suède).

305. Montecuccoli Raimondo. Commentarii bellici, puncto artis bellicae sistemate ; ex augustissimae Bibliothecae authographo figuris aeneis illustrati et praelectionibus R. T. Michaelis Bombardi.
Viennae, 1718.

306. Turpin de Crissé, comte, Maréchal des camps et armées du Roi. Commentaires sur les Mémoires de Montecuccoli.
Paris 1769. L' ouvrage contient un grand nombre de cartes topographiques, 3 volumes in-4 grand format.

307. Allgemeine Geschichte des Handels und der Schiffahrt.
Breslau, 1751 erster Theil, 1754 zweiter Theil.
Histoire générale du commerce et de la navigation.
(Elle peut être considérée comme premier essai d' un travail sérieux de ce genre).

308. Fuer das Vatter-Land dess Bayrischen Loewens getreue Gefaerhtin ; das ist Vorstellung gantz Europae etc. etc. 1703.
Déscriptions générales de toute l' Europe.

309. Mayr Karl. Geschichte des Kaerntner.
Histoire des peuples de la Carinthie.
Cilly, 1785.

310. Menzel Wolfang. Reise nach Oesterreich in Sommer, 1831.
Voyage de Wolfang Menzel en Autriche en 1831.

311\. Szent-Ivány Padre Martino. Curiosora et selectiora variarum scientiarum miscellanea.
Tyrnaviae, 1696, 5 vol. in-4.

312\. Czernin Hermann von Chudenic. Zweite Gesandtschaftsreise nach Costantinopel im Jahre 1644.
Second voyage de l' ambassadeur comte Germain Czernin à Constantinople, en 1644.
Neuhaus, 1879.

313\. Richard Giacomo. La prise de Négrepont sur les Vénitiens par les Turcs en 1470.
Venise, 1844.

314\. Lonicero Filippo. Chronicorum Turcicorum origo, principes etc.
Francofurti ad Mœnum, 1578, 1 vol. in fol. grande.

315\. Bizaro Pietro. Rerum Persicarum Historia initia gentis, mores instituta etc.
Francofurti, typis wechelianis, 1601, 1 vol. in fol.

316\. Possevini Antonii, societatis Jesu. Notae divini verbi ex quibus demonstrantur (ad III Capitulum) errores adversantium kalendario.
Posnaniæ, 1586, 1 vol. in fol. grande.

317\. La Vie et les campagnes du prince sérénissime François Eugêne de Savoie.
Venise, 1739.

318\. Déscription de Catajo, domaine du marquis Pie Enée des Obizi, avec quelques notes et faits divers concernant les Hongrois.
Ferrare, 1669.

319\. Piacenza François napolitain. Désription brève de la Grèce. Chorographie de l'Archipel, de Candie, de Chypre etc.
Modène, 1688.

320\. Fortis abbé Albert. Voyage en Dalmatie, avec les observations faites sur ce voyage par Jean Lourich.
Venise, 1774-1776, 3 vol.

321\. Theyls Willem. Gedenk-Schriften betreffende het Leeven van Karel de XII, König van Sweeden.
Mémoires sur la vie de Charles XII, Roi de Suède, avec d'intéressantes déscriptions de' ses voyages et actions.
Leyde, 1721.

322. Febure Michel. Spectacle de la Turquie, avec déscription de la nature et des costumes de quatorze nations, compilè avec l'escorte de l'Auteur.
Bologne 1863. 1. vol. in-4.

323. Merello Michele. De la guerre faite en Corse par les Français.
Gênes, 1607. 1 vol. in-4. grand format.

324. Brusoni Gérôme. Histoire de la dernière guerre entre les Vénitiens et les Turcs, avec la déscription des pays.
Venise, 1673.

325. Bertelli P. Vie des Empereurs des Turcs avec leurs effigies et les déscriptions de leur Etat.
Vicence, 1599.

326. Voyages de Moscovia en 1633, 1634, 1635 et 1636.
Viterbe, 1658, 1 vol.

327. De Noris Alexandre. Les guerres de la Germanie depuis 1618, jusqu' á la paix de Lubeck, avec la déscription des pays etc.
Venise, 1633.

328. Macartney (Lord). Voyages dans l'intérieur de la Chine et en Tartarie, faits dans le années *1792*, 1793 et 1794.
Paris, 1698, 5 vol. contenant des estampes et des dessins.

329. Guide pittoresque du voyageur en France, contenant la statistique et la déscription complète des 86 Départements, orné de 740 vignettes et portraits gravés sur acier.
Paris, 1878, 6 vol.

330. Das Verhältniss Croatiens zu Ungarn.
Lepzieg, 1846.
(Brochure, sur l'enveloppe de laquelle on voit la signature autographe de Louis Kossuth et dans le texte quelques'unes des ses atnotations au crayon.

331. Manuzio Gian Pietro et Paolo. Transsylvaniæ, olim Daciæ dictæ descriptio.
Romæ, 1596.
(Il Manque quelques pages, savoir: de la seconde à la sixième).

332. Amos Joh. Comenii. Orbis sensualium pictus. Omnium fundamentalium in mundo rerum et vita actionum pictura et nomenclatura germanica, latina, italica et gallica.
Norimbergæ, 1707.

333. Suppléments des Chroniques du frère Jacques Philippe Bergamense.
Venise, 1508.

Exemplaire provenant de la Bibliothèque des Juristes germaniques a l'Université de Padoue, ainsi que cela ressort du sceau et de la note suivante, apposée en tête de l'ouvrage: « Liber Facult, Juridicæ. Ex donatione Theodori Blamont, possidet Inclyta Natio Germanica Patavii.»

334. Merian Matheus. Topographia Helvetiæ, Rhetiæ et Valesiæ. Dat is een Beschreyvinge en Eygentlyke Afbeeldinge der Steden etc.
Amsterdam, 1644.

333. Exploration scientifique de l'Algérie pendant les années 1840, 1841, 1842. Par ordre du Gouvernement.
Paris; Imprimerie Royale, 1847. Vol. 7, in-4.

336. Morosini André. Les Expéditions de la Terre Sainte et leur entreprise, ainsi que l'acquisition faite à l' Empire de Constantinople par la République de Venise.
Venise, 1627, 1 Vol. (Il appartenait à la Bibliothèque Foscarienne)

337. Noris F. Henrico. De Anno et Epochis Syromacedonum.
Lipsiae 1696, 1 Vol.

338. Casoni Gui. Vie du Glorieux Saint Gérard Sagredo, noble Vénitien, Évêque de Canadie (Csanád), premier martyre et Apôstre de la Hongrie.
Venise, 1598, brochure in-4.

339. La Martinière Bruzen. Introduction à l'Histoire de l'Asie, de l'Afrique et de l' Amérique, pour servir de suite à l'Introduction du Baron de Puffendorff.
Amsterdam, 1735, 2 Vol. in-8.

340. Patini Chev. Charles. — Voyages, avec quelques observations intéressantes sur la Germanie, la Bohême, la Hongrie, les Pays-Bas, l'Angleterre et la Suisse.
Venise, 1865, brochure, in 8.

341. Burgo (de) Don Jean Baptiste.—Voyage de cinq années en Asie, Afrique, et Turquie d' Europe. —

Milan, 1686, 1 Vol. in-8.

342. Geographisch-Historische Beschreibung der Kanale. Ein Beitrag zur älteren und neueren Erdbeschreibung. Gesammelt von A. B. M.

Cöln, 1802.

Déscription Historique et géographique des canaux.—Supplément aux géographies ancienne et moderne de A. B. M.

Cologne, ù802. Brochure, —

343. Leibnitii Godefridi, summi Polyhistoris Protogaea, sive de prima facie telluris et antiquissimae Historiae vestigiis in ipsis naturae monumentis dissertatio in lucem edita a Cristiano Ludovico Scheidio.

Goettingae, 1749, 1 Vol. in-4 (avec dessins)

344. Zurla Doct. Placide — Abbé camédule. — Des avantages de la religion Catholique pour la Géographie et les Sciences unies à elle. — Dissertations.

Rome, 1822. Brochure in-4.

345. Observations sur certaines parties des Annales Critiques et Diplomatiques du Royaume de Naples du moyen âge.

Naples, 1805. Imprimerie Simonienne, brochure in-4. grand format.

(Contient des déscriptions de la ville et des pays),

346. Penerbachii Georgii Tractatus supper ropositiones Ptolomaei de Sinubus et Chordis. Item compositio Tabularum Sinuum per Joannem de Regiomonte. Adjectae sunt et Tabulae Sinuum duplices per eundem Regiomontanum. Omnia nunc primum in utilitatem Astronomiae studiosis impressa.

Norimbergae, 1541. Brochure in fol.

347. Volkamer. Neuernbergische Hesperides.

Hespérides de Nuremberg contenant une grande quantité d' estampes coloriées, avec des vues de Châteaux et Jardins du Padouan, de la Vénétie, du Vicentin, du Véronais et du Gênois. —

Nuremberg 1708, 2 Vol in fol.

348. Mattuschka Comte Henri. Flore Silésiene, Recueil de toutes les plantes qui croissent naturellement en Silésie etc. Ouvrage en langue allemande, avec des dessins coloriés. — Leipzig. 1776. 1 Vol. in-4.

349. Kircheri Athanasii Mundus Subterraneus in duodecim libros digestus. Amstelodami 1645. 2 Vol, in fol.

350. Portrait original, peint à l' huile et sur toile, représentant Galilée Galilei, à l' âge d'environ 40 ans, s'adonnant à ses études, dans son vêtement de travail. —

PESTY Frédéric, membre de l' Académie scientifique hongroise. —

351. Les Comitats de l' antiquité disparus par Fréd Pesty. 2 vol.

SALAMON François, prof. de l' Université R. de Budapest.

352. Budapest az O korban. Budapest dans l'antiquité (époque romaine) par Fr. Salamon. Vol. unique. —

THALLOCZY Louis prof. á Budapest.

353. Quandam mappa geographica historica ad opus Friederici Pesty. Mappa hæc demonstrat statum præteritum comitatum antiquorum Hungarorum.

VARGA François. Curé de Kis-Telek.

354. Szeged város Történek I, II kötet. Histoire de Szeghedin, I et II. Vol. —

VI. CLASSE.

Géographie économique, commerciale, statistique

ATHENEUM, SOCIÉTÉ DE LITTÉRATURE ET D'IMPRESSION.

355. Hunfalvy Doct. Jean. statistique brève des Pays de l' Europe. —

356. Hunfalvy, Statistique brève de la Monarchie Austro-Hongroise.

357. Keleti Charles. — Abrégé de statistique pratique.

COMMISSARIAT ROYAL DE SZEGHEDIN. —

358. Une Collection des plans du développement de la ville de Szeged, pendant les deux derniers siècles, jusqu'au moment de la catastrophe, d'après les nouveaux plans de la ville en construction; complétée par un plan des niveaux de là ville et les plans hydrographiques du fleuve « La Tisza » — aux abords de la ville, avant et après le nouvel endiguement, exécuté par le Commissariat royal.

359. Un type de matricules pour les travaux trigonométriques de la ville de Szeged, exécuté en 1879-80 par le Commissariat royal.

360. Une section, sur carton anglais, du grand plan de réseau des anciennes et nouvelles rues de la ville de Szeged, exécuté par le Commissariat royal en 1879-80.

361. Un type de matricules pour les calculs trigonomètriques du réseau des rues règlées de la ville de Szeged.

362. Une feuille du type employé pour l'expropriation et la réorganisation des parcelles, complètée par un tableau explicatif, relatif a la manière de la nouvelle répartition.

363. Un portefeuille concernant les sondages géologiques faits dans l'intérieur de la ville de Szeged, avec texte et dessins des couches géologiques.

364. Une collection de types pour bâtiments, pour améliorer la manière de construction, eu égard aux usages du pays, sans toutefois perdre de vue le type original des anciennes constructions. — Ces dessins atteignent la dernière limite de simplicité permise.

365. Un cahier. Déscription des ouvrages éxécutés dans l'intérêt de la reconstruction de la ville de Szeged.

DIRECTION DES CHEMINS DE FER ROYUAUX HONGROIS.

366. Profil longitudinal de la coupe septentrionale des chemins de Fer R. de la Hongrie; en un bloc. —

367. Profil longitudinal de la coupe méridionale des chemins de fer R. de la Hongrie, en un bloc. —

368. Profil longitudinal de la coupe orientale des chemins de fer R. de la Hongrie; en un bloc. —

369. Plan de la situation de la ligne Károlyváros-Fiume des chemins de fer R. de la Hongrie, en un bloc. —

370. Profil longitudinal de la ligne même en un bloc.

371. Profil longitudinal du Chemin de fer du Danube-Drava; en un bloc.

372. Profil longitudinal du chemin de fer le long du Tibisco; en un bloc.

373. Profil longitudinal du chemin de fer d'Arad-Temesvàr; en un bloc.

374. Dessins des stations et des édifices existants sur le chemin de fer le long du Tibisco; en un bloc.

375. Dessins des stations et des édifices existants sur le chemin de fer d'Arad-Temesvar; en un bloc. —

376. Dessins du chemin de fer de jonction près Budapest; en deux blocs. —

377. Recueil de vues photographiques de la ligne Budapest-Ruttka; en un bloc.

378. Recueil de vues photographiques de la ligne Károlyváros-Fiume; en un bloc. —

379. Dessins des travaux exécutés dans les montagnes russes sur la coupe orientale des chemins de Fer R. Hongrois; en un bloc. —

HATSEK Ignace, dessinateur r. hongrois.

380, 1. Différentes cartes statistiques. —
2. Cartes des Comitats.

KÖRÖSY Joseph, directeur du Bureau Municipal de Statistique à Budapest.

381. Ouvrages statistiques. —

MINISTÈRE R. DE L'AGRICULTURE, DE L'INDUSTRIE ET DU COMMERCE, EN HONGRIE.

382. Magyarország borászati térképe,
Carte de la culture des vignes, divisée en régions vinicoles.

383. Magyarország állategészség rendöri szerzezete.
Carte de l'établisement hygiènique pour l' élevage du bétail et l'instruction agricole. —

MINISTÈRE R. DES TRAVAUX PUBLICS EN HONGRIE

384, Projet d' amélioration des cataractes entre Moldava et Sibb.

385. Plan de la vallée de la Tisza depuis N. Szöllös jusqu' à Czigánd.

386. Plan de la vallée de la Tisza, depuis Czigánd jusqu' au Danube,

387. Profils et Plans de la formation graduelle des coupures de la rivière de la Tisza, depuis 1855 jusqu'à 1862,

388. Plans de la correction du Danube à Budapest.

389. Plans de la correction du Danube à Budapest.

MUNICIPALITÉ DE BUDAPEST.

390. Budapest Föváros ártézi kutjairol,
Profil géologique du puits artésien de Budapest; proportion 1/100.
En quatre feuilles avec titre séparé.

391. Profil géologique du puits artésien de Budapest, en une feuille.
Propor. 1/1000. Dans un cadre. —

392. Plan de l'encadrement du puits artésien de Budapest, prop. 1/5. En une feuille, nuni d' un cadre. —

393. Rapport de la Commission Municipale de Budapest pour l'examen du soleil. —
Un cahier avec des cartes. —

394. Les Rapports de Jean Wein, directeur de l'aqueduc de Budapest, obtenus à diverses dates des années 1874-75, à l'occasion de l' examen du Danube et de l' aqueduc de la rive gauche de Budapest. —

I. SOC ITÉ R. DES CHEMINS DE FER DE L'ÉTAT en AUTRICHE, —

395. Notice sur les domaines du Banat.

396. Carte générale des chemins de fer exploités par la Société.

397. Carte topographique et ethnographique des domaines du Banat.

398. Carte générale des domaines du Banat.

399. Carte politique et administrative, avec les voies de communication.

400. Carte géologique des domaines du Banat.

401. Collection complète des essences forestières du Banat.

402. Plan général de la ligne de Temesvár-Orsova.

404. Profil en long géologique de la ligne de Temesvár-Orsova.

404. Collection de photographies du pays traversé par la ligne de Temesvár-Orsova.

TÜRR ÉTIENNE, lieutenant-général, aide de camp honoraire de S. M. le Roi Victor-Emmanuel. —

405. Carte hydrographique du Royaume de Hongrie. —

406. Le canal de navigation appelé François et unissant la Tisza avec le Danube, avec un bras de navigation et d'irrigation.

407. Deux plans de canaux d' irrigation.

408. Canal de navigation qui unit le Danube avec la Sava.

409. Tracé de la Culpa, rivière, ainsi que des travaux pour la région navigable du Danube. —

410. Carte de la Monarchie Austro-Hongroise aves des projets de Canaux. —

BUREAU R. DE STATISQUE EN HONGRIE. —

411. Diverses cartes statistiques. —

412. Résultats du Recensement qui a eu lieu au dèbut de 1870.

413. Hivatalos Statistikai Közleményck.
Rapports officiels statistiques 1868-1874, I-VII.

414. Nouvelle série de Rapports officiels statistiques 1876-1878.

415 Annales statistiques de la Hongrie, 1873-1880, I-VIII.

416. Liste des villages éxistants sur le territoire de la Couronne de Hongrie. —

ZSIGLONDY GUILLAUME, Ingégneur de montagnes et membre du Parlement.

417. Le profil du puits artésien de Budapest.

418 Le profil du puits artésien de l' île Marguerite, près de Budapest.

419. Le profil du puits artésien d'Alcsuth.

420. Le profil du puits artésien de Lippik.

421. Le profil du puits artésien de Harkány.

422. Brochures.

VII CLASSE

MÉTHODOLOGIE, ENSEIGNEMET ET DIVISION DE LA GÉOGRAPHIE

ATHENEUM, SOCIÉTÉ DE LITTÉRATURE ET D' IMPRIMERIE. —

423. Hunfalvy Doct. Jean. — Géograqhie à l' usage des écoles moyennes, vol. 4.

424. Charles Ballagi et et Paul Király,. Géographie Universelle, vol. 3.

425. Iérôme Boccardo.. La conquête graduelle de la Terre — ouvrage traduit par Dunyov.

BESZÉDES ALEX., photographe et lithographe. —

426. Trois photographotypes, en hongrois : *fényvesét*, de l'invention du dit exposant, patentés 1874-876, (reliés en livre)

DIVALD CHARLES, photographe à Eperjes.

427. A Tátra hegység tájképei.
Vues des montagnes des Tátry. Vues des montagnes des Carpathes orientales. Estampes photographiques. —

LIBRÉBIE DITTE «EGGENBERGER» (Hoffmann et Molnár).

428. Joseph Homolka, dessinateur hongrois. Carte oro-hydrographique de Hongrie. —
Propor. 1/2,200,000.

429. Joseph Homolka. Diverses Cartes à l'usage der écoles. —

430. Joseph Homolka. Vue de la capitale de Budapest, 1881.
Propor. 1/26,000.

431. Joseph Homolka. Carte du Comitat de Pest-Pilis-Solt et Kumania.
Prop, 1/700,000.

432. Ios. Homolka. Carte de muraille du Comitat de Pest-Pilis-Solt et Kumania, 1880.
Prop; 1/150,000,

433. A. Heller. Géographie physique. —

434, Brózik et Paszlawski. Géographie pour les gymnases. —

435. Doct. Brózik. Géographie mathématique. —

436. Kozma. Géographie pour les écoles civiques

438. Varga. Géographie pour les écoles élémentaires. —

438. Zák doct. Joseph. — Géograpie pour les écoles élémentaires de la Capitale. I-II.

FRANKLIN — SOCIÉTÉ HONGROISE DE LITTÉRATURE ET D'IMPRIMIERIE.

439. Jablonski Jean. Géographie politique de la Monarchie Austro-Hongroise.

440. Jablonski J. Géographique politique. —

441. Jablonski J. Géographie politique comparative. —

442. Jablonski J Géographie de la Monarchie Austro-Hongroise et de la région méditerranée.

442. Jablonski. J. Déscription des États de l'Europe.

444. Kiss Alex. Géographie comparative de la Monarchie Austro-Hongroise.

445. Albert Scholtz. Les pays autour de la mer méditerranée.

446. Albert Scholtz. Géographie de la Monarchie Austro-Hongroise. —

447. Schneider. Képes átlásza etc.
Atlad pittoresque de géographie physique; traduit par Paul Gönczy et par le doct. Jean Hunfalvy.

448. Géza Requinyi. Géographie de l' Europe, sans la Monarchie Hongroise.

449. Géza Requinyi. Géographie universelle comparative.

MINISTÈRE R. DES CULTES ET DE L'INSTRUCTION PUBLIQUE —

451. Doct. Émeric-Kárpáti. Guide pour l' enseignement de la Géographie,

452. Doct. Émeric-Kárpáti. Le progrès de la sciençe géographique.

453. Doct. Émeric-Kárpáti. Atlas adjoint au Guide pour l' enseignement de la géographie.

454. Plan de l'enseignement aux écoles élémentaires, en diverses langues.

455. dit pour les écoles élémentaires.

456. dit pour les écoles élémentaires supérieures.

457. Organisation des écoles commerciales.

458. Programme des écoles préparatoires pour l' enseignement des travaux domestiques.

459. Dispositions pour les écoles élémentaires.

460. Dispositions pour les écoles élémentaires et çiviques.

461. Plan d'enseignement pour les écoles de préparation de maîtres et maîtresses des écoles civiques de Budapest.

462. Plan d'enseignement pour les écoles de préparation pour maîtres et maîtresses des écoles élémentaires de l'État.

8

463. Az iparoz tanulók iskolai szervezete.
Règlement des écoles industrielles.

464. Plan d'enseignement pour l' école supérieure publique du sexe féminin.

465. Dit pour les écoles civiques.

466. Dit pour les écoles de préparation.

467. Gönczy-Felkl. Globe terraqué, au diamètre de 21 centim. sans le méridien.

468. » Globe terraqué du diam. de 21 cent. avec le meméridien.

469. » Globe terraqué du diamètre de 21 cent. avec le méridien.

470. » Globe du diamétre de 31 1/2 cent. sans le méridien.

471. » Globe du diamètre de 31 1/2 cent. avec le méridien.

472. » Globe de 31 1/2 cent. de diamètre, avec le méridien et le relief de superficie.

473. Gönczy Globe de 47 cent. de diamètre, sans le méridien.

474. » Globe de 47 cent. de diamètre, avec le méridien.

475. » Globe terrestre.

476. » Sphère céleste.

477. Gönczy Berghaus. Carte en relief de la Monarchie Austro-Hongroise.

478. » Carte de muraille de l'Asie.

479. » Carte de muraille de la Hongrie.

480. » Carte de muraille de l'Europe.

481. » Carte de muraille de la Monarchie Austro-Hongroise.

492. » Carte de muraille des 5 parties de la Terre.

483. » Carte de muraille de l'Afrique.

484. » Carte de muraille de l'Amérique septentrionale.

485. » Carte de muraille de l'Amérique méridionale.

486. » Carte de muraille de l'Australie.

487. » Carte de muraille de l'Afrique.

488. Gönezy-Lauschmann. Cartes en relief de la Hongrie.

489. Gönczy Paul. Carte manuelle de la Hongrie.

490. » Carte manuelle de l'Amérique.

491, » Carte manuelle de l'Europe.

492. » Carte manuelle de la Monarchie Austro-Hongroise.

493. » Carte manuelle de l'Asie.

494. » Carte manuelle des 5 parties de la Terre.

495. » Carte manuelle de l'Australie.

496. Gönczy et Stieler. Atlas pour les écoles.

497. Groupes figuratifs d'intuition pour l'usage des écoles.

1. Les parties du corps humain. — 2. Les animaux domestiques et en particulier quelques chiens. — 3. Le chêne et sa glande. — 4. Carte des écoles. — 5. La place d'un village. — 6. L'occupation de l'agriculteur en autômne. — 7. L'occupation de l'agriculteur en hiver.—8. Le marché. 9. Marché de bétail. — 10. La cour des porcs. — 11. Plénomênes de l'air. — 12. Pommes et poires. — 13. L'intérieur d'une chambre de paysans. — 14. Bergerie et fabrique de fromage. — 15. L'occupation de l'agriculteur au printemps. — 16. Intérieur de cuisine. — 17. Arbres de noix et noisettes, de chataigniers et néfliers.— 18. Panorama du coucher du soleil. — 19. Intérieur d'une écurie. — 20. Les alentours de village. — 21. Jardin et groupes de fleurs. — 22. Boulleau. — 23. Ormes, cerisiers, amandiers et abricotiers. — 24. Bouverie. — 25. Cour de la volaille. — 26. Moulins. — 27. Un navire. — 28. Le charpentier e le serrurier. — 29. Écurie de chevaux.— 30. Cour d'un paysan de la plaine. — 31, Cour d' un

paysan de la montagne. — 32. L'occupation de l'agriculteur en été. — 33. Place de légumes. — 34. Marché de fruits. — 35. Potier et tisserand. — 36. Maisons en fabrication. — 37. Intérieur d'une école. — 38. Le hêtre et le charme. — 39. Aspect d'une région marécageuse. — 40. Anatomie du corps humain. — 41. Les champignons mangeables et les venimeux. — 42. Champignons vénimeux de la Hongrie. — 43. Tables de muraille historio-naturelles de Rasch. — 44. Tables de muraille physiques de Bopp.

VISONTAY Jean, professeur de l'Ecole Réale,

498. Géographie universelle, 2 vol.
499. Géographie universelle comparative, 1 vol.
500. Géographie comparative de l'Europe.
501. Géographie à l'usage des écoles moyennes 6. vol.

ZAK doct. Joseph, professeur gymnasial R.

502. Élément de cartographie.
Abrégé pour les écoles gynnasiales pag. 96 Fig, 86 (part. color.) et une carte. —

VIII. CLASSE

EXPLORATIONS ET VOYAGES GÉOGRAPHIQUES

ATENEUN, SOCIÉTÉ DE LITTÉRATURE ET D'IMPRIMERIE.

503. Vàmbéry Arminio. Voyage en Asie centrale.

DÉCHY Maurice, membre du Conseil de la Société géographique hongroise.

504. Vues photographiques prises au Sikkim-Himalaja et à la partie frontière du Népal.

505. Carte routière d'une expédition en 1879.

HUNFALVY Paul, membre de l'Académie des Sciences.

506. Utazàs a Balti tenger tartomànyaiban.
Voyage dans les provinces baltiques.

SOCIÉTÉ CARPATHE DE LA HONGRIE.

507. Annuaires et itinéraires concernant les Carpathes 14, volumes.

LE CHILÌ

LE CHILI'

II CLASSE

HYDROGRAPHIE, GÉOGRAPHIE MARITIME

INSTITUT HYDROGRAPHIQUE DE LA RÉPUBLIQUE DU CHILI.

1. Annuaire hydrographique de la Marine du Chilì. Vol. I, II, III, IV, V, VI.
2. Géographie nautique de la République du Chilì. Vol. I, II e III.
3. Carte de l' Archipel de Chonos. II. feuille.
4. Carte de l' Archipel de Las Guaitecas et de Chonos. III feuille. —
5. Carte de la côte du Pérou dans le Port Chilca et le Port Chancay.
6. Carte de la côte du Pérou dans Islai Puerto et Chilca.
7. Carte du littoral de Llanquihue.
8. Carte de la côte Araucane.
9. Carte du littoral de Valdivia.
10. Plan de la baie d' Iquique.
11. » » de Chimba.
12. » » de S. Pedro.
13. » » et du port de Molyneux.

14. Plan de la Calangue d' Oscuro.
15. » » de Latitud.
16. » » de Grau et du port de Micaela.
17. » » de Matanza et de la rade de Quintai.
18. » » de Las Minas et du port d' Atlamirano.
19. » » de Tuman et de la rade de Topocalma.
20. » » de Còndor et du fleuve le Chalhuaco.
21. Plan des calangues de Los Choros et d' Apolillado.
22. » » de Milagro et de Lamehuapi.
23. Plan de la rade de Blanco Encalada.
24. » » de Valparaiso
25. » » de Curanipe.
26. » » de El Algarrobo.
27. » » de Ranu et de la calangue de Muicòlpue.
28. Plan des rades de San Antonio et de San Antonio de las Bodegas.
29. Plan du port Quintero.
30. » » de Taltal.
31. » » de Cobre.
32. » » de Montt.
33. » » de San Miguel,
34. » » de Abtao.
35. » » de Quidico.
36. » » de Yanes.
37. Plan des ports de Coronel, Lota et de Colcura.
38. » » de Low et de Melinka.
39. Étude sur le port d' Iquique.
40. Plan des eaux chaudes de Ringdove et des calangues de Chacabuco et de Richmond.

41. Carte du bras de mer de Huito et du port de Calbuco.

42. Carte de la fosse du lac de Titicaca et de ses voies de communication avec la côte de l'Océan Pacifique.

43. Carte du lac de Llanquihue.

45. Plan du fleuve le Rapel.

45. » » la Valdivia et de ses affluents. Feuille I.

46. » » le Puelo.

47. » » le Tolten.

48. » » la Queule. Feuilles I et II.

49. » » le Lebu.

50. » » le Maullin et de ses affluents.

51. Plan du canal de Wide, de Cala Sandy et de la calangue d'Elena

52. » » d'Agüea ou de Darwin.

53. » » de Wide et d'Estuario de Gage.

54. » » de Baunen.

55. Portulan du détroit de Magellan par R. C. Mayne, Valparaiso, 1874 (livre).

56. Portulan et géographie nautique des côtes du Pérou. Santiago, 1879 (livre).

57. Portulan pour Chacao et Calbuco.

III CLASSE

GÉOGRAPHIE PHYSIQUE, MÉTÉOROLOGIE, GÉOLOGIE, BOTANIQUE, ZOOLOGIE,

GOUVERNEMENT DE LA RÉPUBLIQUE DU CHILI.

58. Mémoire sur la direction des chaînes de montagnes et sur la forme des continents par A. Pissis.
Paris, 1875 [avec une carte géographique].

59. Mémoire sur la constitution géologique des Cordillières des Andes, entre le 16 et le 53 de latit. Sud par A. *Pissis*. Paris, 1873 (avec une carte).

60. Carte minéralogique du désert d'Atacama, de A. Pissis.

61. Carte du désert d'Atacama, de A. Villanueva.

62. Mappe de la région septentrionale du désert d'Atacama.

63. Carte des déserts de Tapapacè et d'Atacama.

64. Mappe de Lima et de ses alentours.
Prof. ANTOINE PISSIS.

65. Collection géologique du désert d'Atacama. (1)

INSTITUT CENTRAL DE MÉTÉOROLOGIE.

66. Annuaire de l'Institut central de météorologie. Vol. I, II, III et IV.

INSTITUT HYDROGRAPHIQUE DE LA RÉPUBLIQUE DU CHILI.

67. Carte de l'île de Pascua,

68. » » de Saint Félix.

69. » » de Saint Ambroise.

70. Carte du groupe des îles Saint Félix et Saint Ambroise.

71. Cartes des îles de Sala et de Gomez.

72. Carte de la péninsule de Taitao. Feuille I.

VI CLASSE

GÉOGRAPHIE ÉCONOMIQUE, COMMERCIALE, STATISTIQUE.

INSTITUT HYDROGRAPHIQUE DE LA RÉPUBLIQUE DU CHILI.

73. Notices relatives au Département littoral de Tarapacà. I et II éditions. Santiago, 1879 (avec cartes).

(1) Voir à la page 54 le catalogue des minéraux et des roches du désert d'Atacama qui font partie de la collection géologique.

74. Notices sur les Départements de Tacna, Moquegua et Aquipa.
Santiago, 1879 (avec une carte).

75. Notices sur les provinces littorales aux Départements d'Arequipa, d'Ica, de Huancavelica et de Lima.
Santiago, 1880 (avec une carte)

76. Notices sur les provinces du littoral correspondant au Département de Lima et à la province constitutionelle de Callao.
Santiago. 1879 (avec une carte)

VIII CLASSE

EXPLORATIONS, ET VOYAGES GÉOGRAPHIQUES.

INSTITUT HYDROGRAPHIQUE DE LA RÉPUBLIQUE DU CHILI.

77. Exploration du fleuve la Valdivia et de ses affluents, par F. V. Gormaz.
Santiago, 1879 (avec une carte)

78. Exploration de la côte de Llanquibue, par F. V. Gormaz.
Santiago, 1871 (avec cartes)

79. Exploration du golfe de Reloncavì, par F. V. Gormaz.
Santiago, 1872 (avec cartes)

80. Instruction sur le littoral de Valdivia entre la pointe de Galera et le fleuve du Tolten, par F. V. Gormaz.
Santiago, 1878 (avec une carte).

CATALOGUE

des minéraux et roches du désert d'Atacama.

PROF. ANTOINE PISSIS.

FORMATION SILURIENNE
ROCHES DISPOSÉES EN COUCHES

1. **Silex schisteux.**

Ces pierres-silex forment une grande partie du versant occidental de la chaîne de montagnes qui longe la côte située entre les degrés 23 et 26.

2. **Calcaire anthraciteux.**

Il formes des bancs qui s'alternent avec ceux de la roche précédente. Les deux roches, unies au schiste siléxial et à quelques conglomérations encore, costituent la formation silurienne du désert.

ROCHES VOLCANIQUES.

3. **Ocre.**
4. **Granit.**
5. **Eurite.**

Les numéros 1, 3, 4, 5, se font voir sur les rives de la mer, formant l'axe des montagnes, qui suivent le long de la côte et quelques collines du centre de la vallée longitudinale, située entre elles et la chaîne des Andes. —

FORMATION JURASSIQUE

6. **Calcaire compact.**
7. **Calcaire compact avec du Pecten alatus.**
8. **Calcaire compact avec des Ammonites.**

La formation JURASSIQUE se présente en couches plus ou moins semblables au versant oriental de la chaîne de montagnes, qui va depuis la côte jusqu'à la chaîne des Andes.

Il y en a d' autres qui contiennent des roches calcaires et des argiles schisteux et phtanites. Les cours de ce caractère se trouvent sur le versant occidental des Andes, ainsi que sur ceux de l' *Emantada*, de l' *Osandon*; de *Cerro-negro*, de *Caracoles* et de *Calama*. Les chaînes situées le plus à l' occident sont celles de la *Floride* et de *Paposo*.

ROCHES VOLCANIQUES POSTÉRIEURES À LA FORMATION JURASSIQUE

9. **Porphyre-augite.**

10. **Amygdaloïde.**

Le n. 9 forme de nombreuses couches, tant dans le terrain silurien, que dans celui de formation jurassique, et spécialement depuis la base des Andes jusqu'à la mer.

Le n. 10 se trouve, à peu près toujours, en contact avec ledit porphyre et ses roches, disposées en couches.

Les grands dépôts métallifères, et principalement ceux de cuivre, sont toujours en communauté avec ces deux roches.

11. **Calcédoine.**

Ce minéral se voit en petits volumes sur la superficie de quelques plans du désert, et spécialement entre le 24 et le 26 degrés.

Il provient de la décomposition des *Amygdaloïdes*.

12. **Trachytes porphyroïdes.**

13. **Trachytes** à base de **Rétinite.**

Les Trachytes occupent essentiellement la partie orientale du désert où se forme la majeure partie des Cordillières des Andes. Ils forment quelques couches dans la vallée longitudinale. Les veines d'argent sont parfaitement en communauté avec le n. 12.

Le n. 13 est d' origine bien plus moderne et se fait voir en contact avec les cônes volcaniques.

DÉPOTS DE MÉTALLIFÈRES.

14. **Protoxyde de cuivre,** — en minerais d' *Oysandon.*

15. **Atacamite terreux,** — en minerais de *Paposo.*

16. **Atacamite fibreux,** — en minerais de *Paposo.*

17. **Pyrite jaune,** — en minerais de *Carizalillo.*

18. **Pyrite violette** ou **Phillipsite** (cuivre panaché) — en minerais d' *Osandon.*

19. **Carbonate de cuivre** fibreux,—en minerais d'*Osandon.*

20. **Oligiste luisant.** — en minerais de *Paposo.*

21. **Galène** qui produit de l' argent, — en minerais de *Palestina.*

PRODUITS DES DÉPOTS DE SALPETRE.

22. **Gypse** terreux.

Cette roche occupe la partie supérieure des dépôts de Salpêtre. Elle est connue sous le nom de *Costra,* et c' est au dessous d' elle que se trouvent les dépôts susdits de salpêtre.

23. **Glaubérite compacte.**

Elle se trouve dans les dépôts examinés a *Cuevitas, Aguas-Blancas,* et ailleurs.

24. **Glaubèrite cristallisée.** — Elle se trouve a *Aguas-Blancas.*

25. **Thénardite cristallisée.** Elle se trouve à *Cuevitas.*

26. **Nitrate de Soude** (Kalique).
Il se trouve dans les dépôts de Salpêtre de *Cachiyuyal.*

27. **Nitrate de Soude** (Kalique).
Il se trouve dans les dépôts de Salpêtre de *Paposo.*

28. **Nitrate** et **Iodate** de **Soude.**
Il se trouve dans les dépôts de Salpêtre de *Salinita.*

29. **Nitro-sulfate** de **Soude.**
Il se trouve dans les dépôts de Salpêtre de *Salinita.*

30. **Hydroborate.**

Il se trouve sur les bords des gouffres de la chaîne de montagnes à *Maricunga, Ola, Laguna brava,* etc.

31. **Guano.**

Il se trouve sur les couches superficielles des dépôts de Salpêtre de *Cachiyuyal.*

LE CANADÀ

LE CANADA

GOUVERNEMENT DE LA PROVINCE DE QUÉBEC.

Ouvrages présentés à l' Exposition par l' intermédiaire de M. M. NARCISE FAUCHER DE SAINT-MAURICE, *chancéllier du Comité des décrets privés près le Conseil legislatif, et* E. TACHE, *commissaire assistant des terres de la Couronne.*

III. CLASSE

GÉOGRAPHIE PHYSIQUE, MÉTÉOROLOGIE, GÉOLOGIE, BOTANIQUE, ZOOLOGIE

COMMISSION GÉOLOGIQUE DU CANADÀ (Sir Guglielmo Logan, Directeur ; Alfred Selwyn, son remplaçant ; Alexandre Murrax, I. Sterry Hunt, E. Bellings, membres).

1. Rapports des progrès depuis son commencement jusqu' à 1863. Ouvrage illustré de 498 gravures dans le texte, auquel est joint un atlas de cartes et dessins. — Il est traduit, par ordre du Gouverment, de l'anglais en français, par le prof. Darey.

Montréal, 1864.

COMMISSION GÉOLOGIQUE DU CANADÀ.

2. Rapport sur les opérations exécuteés de 1876 à 1879. Publication faite per ordre du Parlement.

Bureau d'exploration géologique du Canadà (Sir W. E. Logan, Directeur; Alfred Selwyn, son remplaçant.

3. Rapport sur les opérations de 1863 à 1866. Il est traduit de l' anglais en français et imprimé par ordre de S. Exc. le Gouverneur général.

Octavie, Typographie Desbarats, 1866.

Bureau de l'exploration géologique du Canadà.

4. Rapports sur les opérations exécutées de 1873 à 1876, publiés par ordre du Parlement.

Montréal, Typographie Dawson, 1876.

Bureau des rapports géologiques (Alfred Selwyn, Directeur)

5. Rapport sur les opérations exécutées depuis 1866 à 1871, accompagné de cartes géologiques et topographiques. Il est traduit da l' anglais en français sous la direction de la Commission géologique.

Octavie. Typographie Taylor, 1873.

I. C. K. Laflame, professeur à l' Université de Laval.

6. Eléments de minéralogie et de géologie.
Québec. Typographie Delisle. 1881.

A. C. Landry.

7. Traité populaire d' agriculture théorique et pratique. Ouvrage récompensé par le Conseil de l' agriculture de la province de Québec.

Montréal. Compagnie typographique canadienne, 1878.

D. G. Laroque.

8. Manuel d' horticulture pratique et d' arboriculture fruitière.
Côte du Passage. Typographie Mercier, 1880.

Abate L. Provancher, rédacteur du Naturaliste canadien.

9. Le verger, le potager et le parterre dans la province de Québec. Cet ouvrage est un traité de la culture des

fruits, légumes et fleurs, qui peuvent prospérer sous le climat de Québec.

Québec. Typographie Darveau. 1881.

10. Carte Géologique du Canadà, en grand format.

11, Carte de la province de Québec.

12. Carte de la province de Québec avec indication des mines.

13. Cartes géologiques de la Province du Nuveau Brunswich.

14. Cadre raprésentant les arbres fruitiers du Canadà.

15. Cadre raprésentant les oiseaux du Canadà.

16. Collection de diverses essences forestières du Canadà (1).

17, Collection ees phosphates provenants du Comté d' Ottawa, dans la province de Québec.

DÉPARTEMENT DES TERRES DE LA COURONNE

18, Guide du Colon. — Province de Québec. 1880.

V. CLASSE.

GÉOGRAPHIE HISTORIQUE, HISTOIRE DE LA GÉOGRAPHIE.

CASGRAIN (abbé).

19. Une paroisse canadienne au dix-septième siècle.
Québec, Typographie Léger Brousseau, 1880.

VI. CLASSE.

GÉOGRAPHIE ÉCONOMIQUE, COMMERCIALE, STATISTIQUE.

M. CHAUVEAU (Jadis ministre de l' instruction publique de la province de Québec).

20. L' instrnction publique au Canadà. Sommaire historique et statistique.
Québec, imprimerie Coté et C., 1876.

(1) Voir le catalogue spécial, pag. 68.

ARTHUR BUIES.

21, Le Saguenay et la vallée du Lac saint Jean. Étude historique, géographique, industrielle et agricole. — Elle contient des données statistiques authentiques et récentes et en outre des descriptions pittoresques des lieux plus renomés, et est ornée de beaucoup de gravures.
Québec, Typographie Coté et C., 1880.

PAUL DE CAZES.

22. Notes sur le Canadà. Elles sont relatives à l' histoire, la population, les produits, le commerce, la navigation, les chemins de fer, la milice. —
Québec. Typographie Darveau, 1880.

FERLAND (abbé).

23. Opuscules. — Nouvelle édition.
Québec. Typographie Coté et C., 1877.

GOUVERNEMENT DE LA PROVINCE DE QUÉBEC. — DICASTERIES SPÉCIALES.

24. Recensement du Canadà,
Québec. Typographie Taylor, 1873, 5 vol.

25. Rapport du Ministre de l' Agriculture du Canadà sur l'anée administrative 1880, imprimé par ordre du Parlement.

26. Rapport général du Commissaire de l' Agriculture. et des travaux publiques de la province de Québec, relatif aux années de 1868 à 1880, imprimé par ordre du Parlement.
Québec. Typographie Langlois, 1881.

27. Treizième rapport annuel du Ministre de la Marine et de la pêche, relatif à l'exercice expiré le 30 Juin 1880, imprimé par ordre du Parlement.

Octavie. Typographie Macléan, Roger et C. 1881.

28. Rapport annuel du Ministre des travaux publics pour l'éxercice 1879-1880, imprimé par ordre de la Chambre des Communes.

Octavie. Typographie, Macléan, Roger et C. 1881.

29. Rapport annuel du Ministre des chemins de fer et canaux pour l' exercice 1879-1880, relatif aux travaux exécutés sous son administration. Il est imprimé par ordre de la Chambre des Communes.

Octavie. Typographie Macléan, Roger et C, 1880.

30. Statistique des canaux pour la saison de navigation de 1880. Supplément n. 1. au rapport sur l' exercice expiré le 30 Juin 1880.

31. Rapport du directeur général des postes pour l' année administrative échue le 30 Juin 1880. Il est imprimé par ordre du Parlament.

Octavié. Typographie Macléan, Roger et C. 1881.

32. Comptes publies du Canadà pour l' exercice échu le 30 Juin 1880 ; publics par ordre du Parlament.

Octavie. Typographie Macléan, Roger et C. 1881.

33. Etat des comptes publics de la Province de Québec pour les années de 1878 à 1880. Il est imprimé par ordre du Parlement.

Québec. Typographie Langlois, 1881.

34. Rapport du sousintendant de l' instuction publique de la Province de Québec. Il est relatif aux années de 1868 à 1880 et est imprimé par ordre du Parlement.

Québec, Typographie Langlois, 1881

35, Report of the Superintendant of public Instruction of public Instruction of the Province of Québec, for the year 1878-79.

Rapport de l' Intendant principal de l' instruction publique de la Province de Québec, pour l' année 1878-79. Il est imprimé par ordre du Gouvernement. —

Québec. Typographie Langlois, 1879.

36. Rapport du Commissaire des terres de la Couronne pour la Province de Québec, de 1868 à 1880.

Québec. Typographie Langlois, 1881.

37. Tableau du commerce et de la navigation du Canadà, durant l' exercice clos le 30 Juin 1880. Il a été compilé suivant les rapports officiels et publié par ordre du Parlement.

Octavie. Typographie Macléan, Roger et C, 1881.

38. Rapport, états et statistiques du revenu intérieur du Canadà, relativement à l' exercice expiré le 30 Juin 1880.

Octavie. Typographie Macléan, Roger et C, 1880,

39. Rapport du Secrétaire d' État du Canadà pour l' année 1880. Il a été imprimé par ordre du Parlement.

Octavie. Typographie Macléan, Roger et C, 1881.

40. Rapport de l' Auditeur général sur les comptes des crédits etc. de l' exercice expiré le 30 Juin 1880.

Octavie. Typographie Macléan, Roger et C, 1880.

41. Rapport sur la falsification des substances alimentaires, supplément au N. 3 du rapport du Ministre de l' Intérieur. Il a été imprimé par ordre du Parlement, 1880.

42. Carte de la province de Québec, avec l' indication des chemins de fer.

43, Carte de la province de Québec avec l' indication des concessions de terrains faites jusqú à ees jours. —

44. Carte du chemin de fer projeté dans les *Basses Laurentides.*

VII. CLASSE.

MÉTHODOLOGIE, ENSEIGNEMENT ET PARTAGE DE LA GÉOGRAPHIE.

F. H. Toussaint (professeur à l' école normale de Laval)

45. An abridgment of modern Géography for the use of elementary schools.
Abrégé de géographie moderne à l'usage des écoles élémentaires approuvé par le Conseil de l' Instruction publique.
Québec. Typographie Darveau, 1871.

F. H. Toussaint.

46. Abrégé de géographie moderne, approuvé par le Conseil de l'Instruction publique.
Québec, Typographie Darveau, 1877.

F. H. Toussaint.

47. Abrégé de l'histoire du Canadà, à l'usage des jeunes écoliers de la province de Québec, public par le Conseil de l' Instruction publique.
Québec. Typographie Darveau, 1877,

I. G. Hodgins.

48. Géography and history of the British Colonies.
Géographie et histoire des Colonies anglaises (illustrée de 72 gravures).
Montrêal. Lovell, éditeur, 1866.

Les Frères des écoles chrétiennes.

49. Nouvelle Géographie illustrée à l' usage des écoles chrétiennes.
Montréal. Typographie Chopleau et fils.

Holmes (abbé).

50. Nouvel abrégé de géographie moderne, à l' usage de la jeunesse. 8. édition, revue, corrigée et considérablement augmentée par l' abbé L. O. Gauthier.
Montréal. Typographie Rolland et fils, 1877.

F. H. GARNEAU.

51. Abrégé de l' histoire du Canadà, depuis sa jusqu' à l' année 1840, à l' usage des écoles. Nouvelle édition, contenant le récit des événements qui ont eu lieu jusqu' à nos jours depuis l' époque postérieure à l' année 1840.

Montréal, Typographie Beauchemin et Valois. 1876.

Éléments de Géographie moderne, imprimés sous la direction de la Société d' éducation du district de Québec.

Montréal Typographie Rolland et fils, 1877.

53. Carte de le Ville de Québec,

54. Carte des cantons de l' est.

55. Carte du lac de Saint Jean.

56. Carte pour servir à l' histoire du Canadà.

VIII. CLASSE.

EXPLORATIONS ET VOYAGES GÉOGRAPHIQUES

FAUCHER DE SAINT MAURICE (Chancelier auprès du Conseil législatif).

57. Promenades dans le golfe saint Laurent et dans une partie de la côte nord, dans l' Ile des œufs, l'Anticosti, l' Ile de S. Paul l' Archipel de la Madeleine. — 3. Edition.

Québec. Typograpie C. Darveau. 1880,

FAUCHER DE SAINT-MAURICE.

58. Promenades dans le golfe saint Laurent, dans la Nouvelle Ecosse, l'Ile du Prince Edouard, dans le Nouveau Brunswich, la Baie des Chasseurs et la Gaspesia, 2. Édition.

Québec. Thypographie C. Darveau, 1880.

FAUCHER DE SAINT-MAURICE.

50. De Québec à Mexico. Souvenirs des voyages de garnison, de combats et de bivouac. —

Montréal. Typographie Duvernay, 1874, 2 vol.

Faucher de Saint-Maurice.

60. De tribord à babord, trois croisières dans le golfe saint-Laurent. Nord et sud, une partie de la Côte du nord, naufrage de l'amiral Walker, les Anticôtes, l' Archipel de la Madeleine, la Nouvelle Écosse, le Nouveau Brunswich, l' Ile du Prince Edouard, la Gaspésie.

Montréal. Typographie Duvernay, 1877.

CATALOGUE SPÉCIAL

des diverses essences forestières du Canadà qui forment partie de la collection.

DÉNOMINATIONS BOTANIQUES	DÉNOMINATIONS FRANÇAISES
1. Alnus incana	Aulne Commune.
2. Tilia Americana. . . .	Bois blanc, *[Tilleul]*.
3. Betula Papyracca . . :	Bouleau.
4. Ostrya Virginica . . .	Bois dur.
5, Acer Pensylvanicum . .	Bois barré, (Bois noir)
7. Thuja Occidentalis. . .	Cèdre blanc.
7, Juniperus Virginiana . .	Cèdre rouge.
8. Carpinus Americana . . ,	Charmé.
9. Cerasus Virginiana. . .	Cerisier *[à grappes]*
10. Cerásus Serotina . . .	Cerisier noir.
11. Cástanea Americana . .	Châtaignier.
12. Quercus Tinctoria . . .	Chêne noir.
13. Quercus ambigua. . . .	Chêne gris,
14. Quercus alba. . . . ,	Chêne blanc *(Ottawa)*.
15, Quercus rubra	Chêne rouge.
16, Quercus alba, ...	Chêne blanc.
17. Pyrus Americana . . ,	Cormier (Masquabina).
18. Cornus Florida. . . .	Cornouiller.
19. Acer saccharinum . . .	Erable.
20. Abies alba.	Epinette blanche.
21. Abies Nigra , ...	Epinette noire.
22. Larix Americana. . . ,	Epinette rouge.
43. Fraxinus Juglandifolia, .	Frêne de Savane.
24. Fraxinus Pubescens . .	Frêne rouge.
25. Fraxinus Sambucifolia ,	Frêne noir.
26. Fraxinus Americana . .	Frêne américain.
27. Populus grandidentata .	Grand Tremble, *[Michaux]*.
28. Fagus Ferruginea . . .	Hêtre.

DÉNOMINATIONS BOTANIQUES	DÉNOMINATIONS FRANÇAISES
29. Betula lenta vel nigra . .	Mérisier rouge.
30. Betula excelsa	Mérisier blanc.
31. Aesculus hippocastanum . .	Marronnier d'Inde.
32. Juglans cinerea	Noyer tendre.
35. Carya tormentosa . , . .	Noyer à noix douces.
33. Carya alba	Noyer dur.
35. Juglans Nigra	Noyer Noir.
36. Ulmus americana	Orme blanc.
37. Ulmus fulva vel rubra . .	Orme gras.
38. Ulmus fulva . . . , . ,	Orme rouge.
39. Ulmus racemosa	Orme.
40. Platanus Occidentalis . . .	Platane.
41. Cerasus Pensylvanica . . .	Petite mérise.
42. Populus Monilifera	Peuplier du Canada.
43. Populus balsamifera . . .	Peuplier baumier (Taeamahaca).
44. Pinus resinosa . . , . .	Pin rouge.
45, Pinus rupestris	Pin gris ou cyprès.
46. Pinus strobus . . ; . .	Pin blanc
47, Pinus Mitis	Pin jaune.
48. Acer spicatum	Plaine *(Plane)* bâtarde.
49. Acer rubrum	Plaine *(Plane)*.
50. Acer Dasycarpum	Planine *(Plane)* blanche.
51. Cratœgos punctata . . , ,	Pommier rouge?
52. Abies Canadensis . . , .	Pruche.
53. Prunus Americana	Prunier sauvage.
54. Abies balsamea	Sapin.
55. Sassafras officinalis . . .	Sassafras.
56. Salix Nigra	Saule noir.
57, Cratœgus coccinea	Senelier.
58, Liriodendron tulipifera . .	Tulipier.
59. Populus tremuloides . . .	Tremble.
60. Rhus Typhina	Vinaigrier.

LE BRÉSIL

LE BRÈSIL

11e CLASSE.

HYDROGRAPHIE, GÉOGRAPHIE MARITIME

MINISTÈRE DE LA GUERRE.

1. Carte réduite de la partie méridionale de l'Océan Atlantique en 1802.
2. Carte d'une partie de la lagune de Mérim. 1852.
3. Carte géohydrographique de l'île et du canal de S. Catherine, 1830
4. Carte du fleuve de Javary, provenant du Commissaire *José da Costa Azevedo.*
5. Mappe de l'île de S. Louis de Maranhao, 1820.
6. Mappe corographique des terrains entre le port de S. François et la paroisse du fleuve le Negro dans la province de S. Catherine, 1871.
7. Plan hydrographique de la baie de Rio Janeiro, 1847.
8. Plan du fleuve le Paraguay éxécuté par *Auguste Leverger*, chef de division, 1857.
   (19 parties en 10 feuilles)
9. Plan du fleuve de S. Gonzalo dans la Province de Rio Grande du Sud, 1838.
10. Plan de la direction du canal de Campos à Macahè, 1847.
11. Plan hydrographique d'une partie du fleuve d'Ica, oeuvre du Baron de Teffè en 1873,
12. Plan hydrographique du Passo de la Patria, 1876.
13. Plan hydrographique de la baie de Rio Janeiro, 1849 (2 feuilles.)
14. Plan hydrographique de l'entrée du fleuve et du port de Parahiba du Nord, 1803.
15. Plan hydrographique de l'île de Fernando de Noronha, 1791.

16. Plan hydrographique du port de la Colonie du Sacrement.
18. Plan hydrographique du port de Banegana.
18. Plan hydrographique du golfe de Jaraguá et de Pajussarà 1803.
19. Plan hydrographique du fleuve de Parà en 1803.
20. Plan hydrographique des Rocas en 1856.
21. Reconnaissance de la partie du fleuve le Paraguay, faite en 1857.
22. Reconnaisance du fleuve l'Uruguay, oeuvre de *Gama Rora* 1850.
23. Travaux hydrographiques au Nord du Brésil, oeuvre de *I. da Costa Azevedo* capitaine de frégate.
24. Le fleuve des Amazones, carte de 15 feuilles, avec un seul titre.

MINISTÈRE DE LA MARINE.

25. Plan hydrographique du port de Santos et de son entrée, fait par le Baron *de Teffé*, Capitaine de frégate, Directeur de la Division hydrograpbique; 1876 (en 6 tables).
26. Plan hydrographique du Passo de la Patria avec le canal privé des Paraguayens et une partie du fleuve le Paraguay, depuis les trois Bouches jusqu'à la lagune de Séréna ou Siréna, avec l' indication des positions de l'Escadre impériale Brésilienne dans les combats de mars et d'avril 1868 (en 4 tables).
27. Travaux hydrographiques au nord du Brésil, dirigés par *A. N. S. Iosè da Costa Azevedo*, Capitaine de frégate (en 14 tables).
28. Carte réduite de la Côte ds Brésil depuis la Pointe d'Estanzia jusqu'au fleuve de S, François, exécutée, par ordre du Gouvernement Impérial, par *M. A. Vitalis de Oliveira*, prémier lieutenant de l'armée, officier de l'ordré Imperial de la Rosa et chevalier de celui du Christ. 1857 à 1859.
29. Plan du fleuve le Paranahyba depuis son embouchure jusqu'à la ville de Teresina, oeuvre de *Iosè Pereira de Sà*; 1864.
30. Plan du fleuve le Paraguay fait par *M. Auguste Leverger*, Chef de Division. 1857 (en 10 tables).
31. Plan du sein du lieu de la pêche dans le port de S. Catherine, dressé, sur l'ordre de S. E. *Gioacchino Giuseppe Ignacio*, Conseiller et Chef d'escadre, Ministre de la Marine, par *Antonio Luiz von Hoonholz*, premier lieutenant de l' armée, 1862.

32. Plan hydrographique de la baie de Rio Janeiro dressé en 1810 par une Comission d'officiers de l'armée, corrigé nouvellement et complété en 1847 par *Gioacchino Raimondo de Lemare* lieutenant-Capitaine de l'armée.

33. Plan du golfe de Jean Fernandèz, dressé par *A. S. da Motta* Lientenant en second. 1863.

34. Carte réduite des Roches, dressée par *M. A. Vitale de Oliveira*, premier Lieutenant de l'armée, chevalier de l'Ordre du Christ, Commandant la Goëlette « *Parahibana.* » Août 1858.

35. Route du vapeur de *S. M. B. Sharpshooter* (Commandant) Lieutenant *I. E. Parish*, le depuis 8 heures du matin jusqu'à 5 heures du soir du 5 mars 1856, avec les sondes notées par le même et la position quand on ancrait.

36. Plan du golfe des Palmes, dressé par *Enrico Antonio B-dv tista* en mars 1856.

37. Plan des ancrages de l'île de Médo et d'Itaquì, dressé par *Francesco Calheiros da Graça*, premier Lietenant, Sécretaire de le Division hydrographique de Rio de Janeiro. 1879.

38. Mappe du flleuve des Amazones, dressée en 1850 par *Francesco Parahibuna dos Reis*, Lieutenant-Capitaine, au service de la Compagnie de navigation des Amazones, dessinée par *F. A. P. Bueno*, lithographiée, par ordre de S. E. M. D. François Charles *de Araujo Brusque*, Conseiller, Ministre et Sécretaire d'Etat pour les affaires de la Marine, dans la lithographie Impériale d'Edouard Reusburg, à Rio de Janeiro, 1865 (en 6 tables).

39. Carte hydrographique du fleuve de Iapurà, dressée par les officiers de l'Armée Brésilienne: *Josè da Costa Azevedo*, Capitaine de mer et de guerre, *Giovanni Soare Pinto*, Lieutenant-Capitaine, avec la coopération de *Vincenzo Pereira Dias*, Lieutenant du Corps du génie. 1864-68 (en 8 tables).

40. Plan hydrographique du Canal de S. Catherine, achevé par ordre et sous l'administration de S. E. M. *Gioachino Raimondo de Lamare*, Conseiller, Ministre de la Marine, et par les soins de *Luiz von Hoonholz*, premier Lieutenant de l'armée, Commandant du Brigantin — Goëlette « Actriz » qui l'a dessiné en 1853. (en 2 tables).

41. Plan hydrographique de la Côte et du Port de S. Catherine

depuis la Pointe des Bombes jusqu'à la ville, levé, par ordre de S. E. M. *Gicachino Giuseppe Ignacio*, Ministre de la Marine, Conseiller et Chef d'escadre, par *Antonio Luis von Hoonholz*, premier Lieutenant de l'armée, Commandant du Brigantin-Goëlette « Actriz ». 1862.

42. Plan hydrographique de la Lagune, dressé et dessiné par *Antonio Luiz von Hoonholz*, premier Lieutenant de l'armée. 1864.

43. Plan hydrographique du Golfe de Porto Bello, dressé et dessiné par *Antonio Luiz von Hoonholz*, premier Lieutenant de l'armée, Commandant de la canonnière « Uraguay, » 1864.

44. Plan de l'ancrage de Mucuripe, dans la province de Ceará, levé et dessiné par *I. C. Guillobel*, de la garde maritime. 1864

45. Carte réduite de la côte du Brésil depuis le fleuve du Mossurò jusqu'à la Pointe de Ridotto, dressée, sur l'ordre du Gouvernement Impérial, par *M. A. Vitale de Oliveira*, premier Lieutenant de l'armée, officier de l'Ordre Impérial de la Rose et chevalier de celui du Christ. 1857-59.

46. Carte réduite de la Côte du Brésil depuis la Pointe dn Ridotto jusqu'à la baie de Formosa, dressée par *M. A. Vitale de Oliveira.*

47. Carte réduite de la Côte du Brésil depuis la baie de Formosa jusqu'à la Pointe de Leitoo, dressée par *M. A Vitale de Oliveira.*

48. Carte réduite de la Côte du Brésil depuis la Pointe de Leitao jusqu'à celle de Estancia, dressée par *M. A. Vitale de Oliveira.*

49. Plan de Augra dos Reis, levé par *Enrico Antonio Baptista*, premier Lieutenant de l' armée, 1856.

50. Plan topohydrographique de Rio Grande du Nord, depuis l'entrée jusqu'au port de la ville, levé par *F. F. Ferreira*, Lieutenant-Capitaine. 1847.

51. Abrégé d' hydrographie par *Antonio Luiz von Hoonholz*, premier Lieutenant de l'armée, 1864.

52. Route de la Côte du Nord du Brésil depuis Mageio jusqu'à Parà, par *Filippo Francesco Pereira*, 1878.

53. Relation des travaux et des études faites à la Baie d'Antonine par le baron *de Teffé*, Capitaine de frégate, 1877.

54. Mémoire sur le port de Pernambuco et sur ses améliorations, 1849.

55. Assainissement de la Lagune Rodrigo de Freitas, relation du Baron *de Teffé*, Capitaine de Mer et de Guerre, 1880.

56. Etudes faites sur le port de Maranhao par *Andrea Rebomas*, ingénieur. 1865.

VII CLASSE

MÉTHODOLOGIE, ENSEIGNEMENT ET PARTAGE DE LA GÉOGRAPHIE

MINISTÈRE DE LA GUERRE.

57. Carte de la frontière du Chuy, levée en 1852.

58. Carte de l'Empire du Brésil, oeuvre du Colonel *Corrado Iacopo de Niemeyer*, 1757, (en 4 feuilles).

39. Carte de la Province de Matto Grosso.

60. Carte de l'Empire du Brésil, réduite aux Archives militaires en 1873.

61. Carte géographique du Piccuhy, dressée en 1828.

62. Mappe géographique du Capitanat de Matto Grosso, 1802.

63. Mappe de la Province de S. Pierre du sud.

64. Plan topographique de la ville de Desterro (ville dell' exil) dans la Province de S. Catherine, 1876.

65. Plan de la Villa di Jaguarao, 1854.

66. Copie de la carte topographique de l'Etat de l'Uruguay, en 1846, (2 feuilles).

67. Collection de la nouvelle division des provinces de l'Empire du Brésil, suivant le projet présenté par le Député *Cruz Machado*, en 1873.

68. Carte du territoire de la République du Paraguay, oeuvre de divers officiers employés aux Archives militaires en 1871.

69. Atlas de l'Empire du Brésil, comprenant les divisions respectives administratives, ecclésiastiques, électorales et judiciaires, dressé par *Candido Mendes de Almeida.*

VIII. CLASSE

EXPLORATIONS ET VOYAGES GÉOGRAPHIQUES

MINISTÈRE DE LA GUERRE.

70. Reconnaissance géographique, faite, suivant des documents officiels, dans le but principal de montrer la frontière du Brésil, oeuvre du baron *da Ponte Ribeiro.*

MINISTÈRE DE LA MARINE.

71, Reconnaissance de la partie du fleuve «le Paraguay» comprise entre les Dourados et Tilla Maria, faite par *H. A. Baptista*, premier Lieutenant de l'armée, Commandant du vapeur « Japarà », en août 1857.

72. Reconnaissance de la Pierre de Hermes, dans le golfe de Macahè, faite, sur l'ordre de S. E. M. le Conseiller *Gioachino Raimondo de Lamare*, Ministre de la Marine, par *M. A. Vitale de Oliveira*, premier Lieutenant. assisté par *A. da Silva Teixeira*, premier Lieutenant, Commandant de la Corvette « Biberibé, » 1863.

73. Reconnaissance de l'entrée et du Port de Capo-Freddo, faite, sur l'ordre de S. E. M. le Conseiller *Gioachino Raimondo de Lamare*, Ministre de la Marine. par *M. A. Vitale de Oliveira*, premier Lieutenant, assisté par *A. da Silva Teixeira*, premier Lieutenant, Commandant de la Corvette « Biberibé, » 1862.

74. Relation du voyage de la Corvette depuis Bahia jusqu'à la Mer des Indes, présentée par *E. Wandenkolk*, Capitaine de frégate, Commandant, en 1879.

75. Exploration de l'Alto Paranà, de Erinheima et de Brilhante.

La

MONARCHIE AUSTRO-HONGROISE

Les Instituts Militaires I. R.

La Monarchie Austro-Hongroise

Les Instituts Militaires I. R.

INSTITUT I. R. GÉOGRAPHIQUE MILITAIRE À VIENNE.

I. CLASSE

GÉOGRAPHIE MATHÉMATIQUE, GÉODÉSIE, TOPOGRAPHIE.

1. 10 zölliger Theodolit (Firma: Starker u. Kammerer in Wien) für geodätische Messungen erster Ordnung.

   Théodolite de 10 pouces (Firme: Starkel et Kammerer de Vienne) pour les mesures géodésiques de premier ordre.

2, Präcisions-Nivellir-Instrument. System Stampfer-Starke (Firma: Starke: u. Kammerer in Wien) sammt allem Zugehör.

   Instrument pour le nivellement de précision, système Stampfer-Starke,

   (Firme: Starke: et Kammerer de Vienne) avec touts les accessoires.

3. 6 zölliger Universal-Theodolit. (Firma: Schneider in Wien) bei der Mappirung verwendet.

   Théodolite universel de 6 ponces (Firme: Schneider à Vienne) à l'usage des dessinateurs.

4. Höhenmesser sammt Statif (Firma: Schneider in Wien) bei der Mappirung verwendet.

   Eclimètre avec trépied (Dit Schneider à Vienne) à l' usage des dessinateurs.

5. Vier Bände astronomisch-geodätische Publikationen des k. k. militär-geografischen Institutes.

   Quatre volumes des publications astronomiques et géodésiques, faites par l'Institut I. R. géographique-militaire.

6. Uebersischts-Karte der Gradmessung-Arbeiten in der österreichisch-ungarischen Monarchie, 1,2 000 000.

Carte démonstrative des travaux exécutés pour la mesure du degré dans la Monarchie Austro-Hongroise. Echelle au 1,2 000 000.

7. *Hartl Enri.* (Capitaine I. R.)
Ein Band: « Die Höhenmessungen des Mappeurs ».
« Les mesures des altitudes exécutées par les officiers dessi-
« nateurs. »
Un volume.

8. *Doblewski von Sterneck Robert* (Capitaine I. R.).
Zwei Tafeln zum grafischen Abnehmen der aus den gemessenen Winkeln resultirenden Höhenunterschiede.
Deux tables à l'aide desquelles on recouvre graphique ment les différences des hauteurs obtenues par la mesure des angles.

VII. CLASSE.

MÉTHODOLOGIE, ENSEIGNEMENT ET PARTAGE DE LA GÉOGRAPHIE

9. *Volkmer Ottomar* (Major I. R).
Ein Band: « Die Technik der Riproduction von Militär-Karten und Plänen des k. k. militär-geografischen-Institutes ». Mit einem Atlas von 55 Druckproben der Resultate der verschiedenen Reproductionsverfahern wie selbe im obigen Institute ausgeführt werden.
Un volume intitulé: « Des divers procédés employés pour la reproduction des cartes militaires et des plans qui sont publiés par l'Institut I. R. géographique militaire », avec un atlas contenant 55 épreuves propres a démontrer les résultats obtenus par l'Institut dans divers procédés de reproduction.

10. Tableau des Umgebungsplanes von Wien 1 : 25 000, aus. 32 Blättern bestehend, in Farbendruck; Lithografie.
Tableau des alentours de Vienne, Echelle au 1 : 25 000, en 48. feuilles; chromolithographie.

11. Tdbleau des Umgebungsplanes von Wien 1 : 25 000, aus. 32 Blätter zusammengesctzt; Heliografie.
Tableau des alentours de Vienne échelle au. 1 : 25 000 en 32 feuilles; héliographie.

12. Tableau ; Umgebung der hohen Tatra aus neuen Specialkartenblättern. (1 : 75 000) zusammengesetzt. Heliografie.

Tableau des alentours du mont *Hoen Trata*, copié sur la nouvelle Carte spéciale, 1 : 75 000 ; héliographie.

13. Sehulbezirkskarre von Reichenberg, 1 : 25 000.

Carte du distict scolaire de Reichenberg, 1,25,000.

15. Schulbezirkskarte von Korneuburg. 1,25,000.

Carte du district scolaire de Korneubourg, 1,25,000.

15. Schulbezirkskarte von Prossnitz, 1, 25, 000, in czechischer Sprache beschrieben.

Carte du district scolaire de Prossnitz, 1, 25, 000. Nomenclature en langue bohème.

13, 14, 15 sind directe fotolithografische Reproductionem der Militär-Aufnahms-Sectionen mit lithografischer Adjustirung für den Farbendruck.

Les cartes portant les numéros 13, 14, 15 sont des reproductions photolithographiques directes des levés militaires, imprimées en couleurs.

16. Schulbezirkskaste von Amstetten zusammengestellt durch Umdruck auf. Stein, von den heliografischen Druckplatten der neuen Socialkarte. 1 : 75 : 000 m.t lithogrefischer Adjustiruug für den Farbenaufdruck.

Carte du district scolaire d' Amstetten, obtenue à l' aide de transpoet snr pierre de la nouvelle Carte spéciale, héliographiée et relevèc par des teintes plates. Echelle au. 1 : 75 : 000.

17. Umgebungsplan von Marienbad, 1 : 12 : 5000, Steingravure, Farbendruck.

Plan des alentours de Marienbad, 1 : 12 : 500, gravure sur pierre, estampe coloriée.

18. Hypsometrische Karte des Centralstockes der hohen Tatra, 1 : 100 : 000. Die Terraintonabstufung durch einen geätten Raster nach Ecksteins Manier hergestellt. Lithografie.

Carte ipsomètrique du Groupe central du « Hohen Tatra ». Echelle au. 1:100: 000. On a obtenu la gradation des teintes, avec lesquelles on indique les sinuosités du sol, en acidulant la pierre d' aprés le procédé Eckestein ; lithògraphie.

19. Neue Specialkarte des Riesengebirges, 1 : 75 : 000 in 2 Blättern, aus den beliografischen Druckplatten auf den Stein umgedrucki und lithografih für den Farbendruck adjustirt.

Nouvelle Carte spéciale du « Riesengebirge » Echelle au. 1 : 75 : 000, en deux feuilles. Copie sur pierre des feuilles heliographiées de la nouvelle Carte spéciale; estampe coloriée.

20. Eine beliografiisch hergestellte Kupferdruckplatte eines neuen Specialkartenblattes : 1 : 73 : 000.

Plaque de cuivre, représentant une feuilles de la Carte spéciale, obtenue à l'aide de l'héliographie, échelle au. 1:75:000.

21. Abdruck von dieser Druckplatte.

Epreuve prise sur la plaque ci-dessus mentionnée.

22. Eine foto-chemigrafisch bergestellte Zinkdruckplatte durch Tiefätzeng eins Blattes vonn Umgebungsplane Wiens 1 : 25 000.

Plaque de zinc, représentant une feuille des plans des alentours de Vienne, obtenue à l' aide de photozincographie. Echelle au. 1 : 25:000.

23. Abdruck von dieser Druckplatte.

Epreuve, prise sur la plaque ci-dessus mentionnée.

24. *Sachs Giovanni* (I. R. Luogotenente). Reliefplan des Gross-Glokner, 1 : 25 : 000,

Plan en relief du « Gross-Glockner. » Echelle au. 1 : 25 : 000,

25. Drei Enveloppen (1, 2, u. 3) enthaltend ein Exemplar der neuen Special»arte der österreichisch-ungrischen Monarchie 1 : 73 : 009, soweit sie bis jetzt nnblicirt istt, circa 370 Blätter in 9 Jharen bergestellt. Heliografie.

Trois etuis (1, 2, 3) contenant chacun un exemplaire de la nouvelle Carte spéciale de la Monarchie Austro-Hongroise. 1 : 75 : 000; il eviron 370 feuilles publiées jusqu'à cy a en jour. Leur exécution a démandé 9 ans. Héliographie.

26. Enveloppe 4.

a) Umgebungspläne von Wien u. von Bruck *a/d* Leitha 1 : 24 : 000 soweit sie fertiggestellt sind. Heliografie.

b) Umgebungskarte von Wien 1:100,000, Heliografie durch directe Reduction der Bätter der neuen Specialkarte 1:75,000 hergestellt, 9 Blatt.

Etui n. 4.

a) Plan des alentours de Vienne et de Bruck sur la Leitha, échelle au 1:25000 pour ce qui a été fini lors de la publication ; héliographie.

b) Carte des alentours de Vienne, échelle au 1:100 000, héliographie, réduction directe des feuilles de la nouvelle Carte spéciale, échelle au 1:75 000 ; 9 feuilles.

27. Enveloppe 5. — Karten der Umgebung grösserer Garnisonsorte, Badeorte, von Touristengegenden der Monarrhie ; aus der neuen Spezialkarte zusammenhestellt, auf Stein umgedruckt und lithografisch für Farbendruck adjustirt; wie :

Etui n. 5. Cartes des alentours des plus importantes garnisons militaires, des lieux de Bains et des régions de la Monarchie, les plus frequentées par les *touristes*, savoir :

Léopol *(Lemberg)*, Cracovie *(Krakau)*. Przemysl, Olmütz Brünn, Vienne *(Wien)*, Bruck sur la Leitha, Kaschau, les hauts Tatry, Hermannstadt, Linz, Salzbourg, Innsbruck, Méran, Dolomit-Grupper, Venediger- Gruppe, Glockner-Gruppe, Ortler-Gruppe et Hof-Gastein, 1:75 000. Ces Cartes sont copiées sur la nouvelle Carte spéciale de la Monarchie, à l'aide de transport sur pierre et impression colorée.

Ferner der Centralstock der hohen Tatra 1:40 000 und Umgebung von Karlsbad 1:12 500. Fotolithografie, lithohrafisch für Farbendruck adjustirt.

Cet étui contient en outre la carte du Groupe central des « *Hauts Tatry* ». Echelle au 1:40 000 ; alentours de Karlsbad. Echelle 1;12 500 : chromophotolitographie.

28. Enveloppe 6. — Exemplar des aus 28 Blättern bestehenden Kriegsspielplanes, 1:7 500, als directe Vergrösserung der Militar-Aufnahme, 1:25 000, in das Mass 1:7 500, sowie fotolithogtafische Uebertragung auf Stein für den Farbendruck lithografisch adjustirt und mit der Schnellpresse vervielfältigt.

Etui n. 6. Il contient : un exemplaire de la Carte déstinée à l'usage du jeu de la guerre, en 28 feuilles, échelle au 1:7 500, agrandissement direct dès relevés originaux exécutés à l' échelle de 1:25 000, chromophotolithographie, imprimées à l'aide d'une presse a vapeur.

29. Enveloppe 7, *a)* Tiefgeäzte Zinkplatte eines neuen Specialkartenblattes 1:75 000. *b)* Tiefgeäzte Zinkplatte eines neuen Specialkartenblattes auf 1:100 000 reducirt, mit einigen diversen Abdrücke solcher Reproductionen. *c)* Diverse fotografische Silber-u. Kohlecopien von Militär-Aufnahms-Sectionen, 1:25 000 *d)* Diverse sonstige fotolitografische Reproductionen.

Etui n. 7. *a*) Plaque de zinc obtenue à l'aide du procédé de zincotypie et représentant une feuille de la nouvelle Carte spéciale, échelle au 1:86 000. *b*) Plaque de zinc obtenue à l'aide du proeédé de zincotypie et représentant une feuille de la nouvelle Carte spéciale, réduite à l'échelle de 1:100 000. Diverses copies de semblables reproductions. *c*) Copies photographiques de planchettes de campagne, échelle au 1:25 000, à base d' argent et à base de charbon. *d*) Diverses autres reproductions en photolithographie.

30. Enveloppe 8. — Die Schoulsbezirkskartén:

Etui N. 8. — Cartes des districts scolaires de:

Gablonz-Tannewald,	en	3	feuilles.
Asch	»	2	»
Karlsbad	»	6	»
Korneubourg	»	9 1/2	»
Kolin	»	5	»
Prossnitz	»	4	»
Teplitz	»	6	»
Schluckenau	»	4	»
Horn	»	6	»

als directe fotolitografische Reproduction der Militar-Aufnahme 1:25 000, mit litografischer Adjustirung für den Farbendruck,

(Reproduction directe photolithographique des levés topographiques, échelle au 1:25 000; estampe coloriée.)

Amstetten en 4 feuilles.

Waidhofen sur la Thaya en 2 feuilles.

zusammengestellt durch Umdruck auf Stein von den heliographischen Druckplatten aus der neuen Specialkarte, 1:75 000 und mit lithografischer Adjustirung, für den Farbenaufdruck; Abdrücke sind mit der Schnellpresse hergestellt.

Obtenues à l'aide de transport sur pierre des feuilles héliographiques de la nouvelle Carte spéciale; échelle de 1:75 000; relevées par des teintes plates, et imprimées à l'aide d'une presse à vapeur.

VIII. CLASSE.

EXPLORATIONS ET VOYAGES GÉOGRAPHIQUES.

31. Volkommene Ausrüstung eines Forschungs-Reisenden mit astronomisch- geodätischeu Instrumenten, wie selbe, auf Befehl des K. K. Reichs-Kriegs Ministeriums, vom K. K. militär geografischen Institute, dem Herrn Dr. Hollub für seine nächste Afrika-Reise, aus den vorhandenen Vorräthen augesfolgt wird:

Attirail complet d'instruments astronomiques et géodésiques, adaptés aux explorations géographiques, instruments que, par ordre du Ministère I. R. de la guerre, l' Institut I. R. géographique militaire séparera de ses instruments de réserve et consignera à M. le *Doct. Hollub*, lors de son prochain voyage pour l'Afrique.

Cet attirail se compose:

a) Ein kleines Universel-Instrument samt Statif.
D'un petit instrument universel avec trépied.

b) Zwei Taschen Chronometer.
De deux chronomètres de poche.

c) Zwei Aneroide.
De deux anéroïdes.

d) Zwei Termometer.
De deux thermomètres.

e) Eine Diopterboussole.
D'une boussole ojinte à une alidade.

f) Ein Detailir-Brettchen samt Griff,
D'une planchette, munie d'un manche, pour les levés expédiés.

g) Ein einfaches Diopterlineal.
D'une alidade.

h) Ein Handfernrohr mit Baumschraube.
D'une lunette à main, avec tige de soutien relative.

i) Eine Messtischboussole.
D'un déclinatoire.

k) Ein Nussband.
D' une lame graduée.

INSTITUT I. R. HYDROGRAPHIQUE À POLA.

II. CLASSE.

HYDROGRAPHIE, GÉOGRAPHIE MARITIME

32. *Gareis Antoine* (Hydrographie I. R. de 1. C).
Liquidkompass.
Boussole à liquide.

33. *Kalmàr nob. Alexandre* (Capitaine I. R. de Corvette).
Dromoskoprose.
Rose dromoscopique.

34. *Peichl Joseph* (Lieutenant I. R. de vaisseau.)
Uuiversal-Kompensator.
Compensateur universel.

35. *Peichl Joseph.*
Kontrolkompass.
Boussole de contrôle.

36. *Pott Constantin* (Lieutenant I. R. de vaisseau.)
Doppelspiegel-Goniograph.
Goniomètre de rèflexion.

37. Die Generalkarten-Küstenkarten und Hafenpläne des adriatischen Meeres. Ausgabe 1877-79.
Cartes générales, cartes du litoral et plans des ports de la mer Adriatique. Édition 1877-79.

38. Kundmachungen für Seefahrer; Hydrografische Nachrichten; Mittheilungen aus dem Gebiete des Seewesens. Jahrgang 1873-80.
Notifications pour les navigateurs. Notices hydrographiques. Publications relatives à la marine, 1875-80.

39. Almanach für die K. K. Kriegs-Marine 1880.
Almanach pour la Marine I. R. militaire, 1880.

40. Nautische Tafeln für die K. K. Kriegs-Marine.
Tables nautiques pour la Marine I. R. militaire.

COMITÉ I. R, TECHNIQUE ET ADMINISTRATIF MILITAIRE À VIENNE.

VI. CLASSE.

GÉOGRAPHIE ÉCONOMIQUE, COMMERCIALE ET STATISTIQUE

41. Drei Karten zur Statistik des K. K. Heeres, 1880 und 1881,
Trois tables se rapportant à la statistique de l'Armée I. R. pour les années 1880 et 1881.

L'AUTRICHE

L'AUTRICHE

I. CLASSE.

GÉOGRAPHIE, MATHÉMATIQUE, GÉODÉSIE, TOPOGRAPHIE

ALBACH Jules, capitaine du Corps du génie.

1. Umgebungskarte von Wien.
   Carte des alentours de Vienne; échelle au 1:15 000; 30 feuilles.

2. Plan des Brucker Lager Terrains.
   Plan du camp permanent à Bruck; échelle au 1:25 000; 3 feuilles.

3. Plan des Brucker Lager Terrain (Kriegspielplan).
   Plan du camp permanent de Bruck. à l'usage du jeu de la guerre; échelle au 1:76000.

4. Specialkarte von Südwest-Oesterreich.
   Carte spéciale de la région sud-ouest de l'Autriche, échelle au 1:200 000; 5 feuilles.

5. Carte du Salzkammergut; échelle au 1:125 000, 6 feuilles.

6. Schneeberg uud Raxalpe.
   Plan de la région montagneuse du Schneeberg et du Raxalpe, dans la Basse Autriche.

7. Tableau den Vorgang bei der Erzeugungsweise dieser Karten darstellend.
   Tableau représentant le procédé à l'aide duquel les cartes ci-dessus indiquées ent été exécutées.

8. Tableau mit Versuchsarbeiten.
   Tableau avec des travaux d'épreuve.

ARTARIA (éditeur de cartes géographiques à Vienne).

9, *Scheda.* Generalkarte der Balkanländer.
   Carte générale des pays de la péninsule des Balcans, reproduite par *Steinhauser* en 1880. Échelle au 1:864 000; 9 feuilles.

10 *Steinhauser*. Hypsometrische Wandkarte von Mittel Europa. Carte ipsomètrique muraire, de l' Europe centrale, suivant le systéme de *Hauslab*, Général d'artillerie. Echelle au 1:1 500 000: 6 feuilles.

11. *Steinhauser*. Wandkarte der österreichische Alpen. Carte muraire des Alpes autrichiennes 1881. Echelle au 1:1 500 000: 4 feuilles.

12. Special Plan von Wien und Umgebung. Plan spécial de Vienne et de ses environs 1881. Echelle au 1:7 920.

13. *Steinhauser*. Uebersichtskarte von Oesterreich-Ungarn. Carte générale de l'Autriche-Hongrie. Echelle au 1:2 500 000.

14. *Steinhauser*. Orohydrographische Uebersichtskarte von Oestereich-Ungarn. Carte gènèrale orohydrographique de l' Autriche-Hongrie. Echelle au 1:2 500 000.

15. *Mascheck*. Carta Carta del Salzkammergut. 1891.

16. Carte orohydrographique du Salzkammergut. 1881. Echelle au 1:150 000.

17. *Steinhauser*. Hypsometrische Uebersichtskarte der Alpen. Carte générale ipsomètrique des Alpes. Echelle au 1:1 700 000

18. *Steinhauser*. La même carte, représentant les Alpes, suivant les groupes de montagnes. et acompagnée de texte.

19. *Steinhauser*. Ueberslchtskarte der Alpen mit braunem Schraffenterrain. Carte générale des Alpes, avec indication des couches de graphite brun. Echelle au 1:2 000 000.

20. *Scheda, Steinhauser*. Atlas. 1 vol.

21. *Scheda, Steinhauser*. Atlas, dont se trouvent seulement exposées les feuilles séparées, qui représentent: La Monarchie Austro-Hongroise. la Galicie, la Bohême et la Suisse.

22. *Maschek*, Touristenkarten. Carte pour les alpinistes autrichiens. Feuilles n. 9, 10, 11.

23. *Steinhauser*; Karten zur mathematischen Géographie. Carte de géographie mathématique; 4 feuilles.

FREYTAG GUSTAVE (Institut cartographique et lithographique de Vienne).

24, *Doct.Chavanne.* Carte ipsomètrique de l'Afrique.

25. *G. Freytag.* Karte der Grossglockner-Gruppe.
Carte du groupe de montagnes du Glossglochner, d'après les derniers levés de l'Institnt I. R. géographique militaire de Vienne. A. Hartleben, éditeur.

HARTLEBEN A. (éditeur à Vienne, Pest et Leipzig).

26. Grosser Plan von Wien, mit Vororten und nächster Umgebung.
Plan de Vienne, en grand format, avec les faubourgs et les environs les plus proehes: 1881.

II. CLASSE.

HYDROGRAPHIE, GÉOGRAPHIE MARITIME.

COMMISSION ADRIATIQUE DE L'ACADÉMIE IMPÉRIALE DES SCIENCES À VIENNE.

27. Berichte der Adria Commission.
Rapports de la Commission Adriatique, 5 fascicules.

FREYTAG GUSTAVE (Institut cartographique et lithographique de Vienne).

28. *Heksch.* Karte der Donau
Carte du Danube. Sections 3., 4., 7., et 8.

29. *Stefanowicz.* Le Pojnikovo Kazan.

30. » Le Mrakonio Kazan.

HARTLEBEN A. (éditeur à Vienne, Pest et Leipzig).

31. Die Felsenengen des Kazan und die Donau und Theiss Regulirung.
Le lit de roches du Danube et le règlement des fleuves dn Danube et du Tibisco. Etude de *Stefanowicz*, chevalier de Vilovo.

32. *Heksch Alexandre.* Die Donau von ihrem Ursprung bis an die Mündung.
Le Danube depuis sa souree jusqu'à son embouchure. Déscription des pays et des peuples le long du cours du Danube, 1 vol.

33. *Heksch.* Carte en grand format du Danube. 16 sections en 9 feuilles. Echelle au 1:300 000.

HÖLDER Alfred, libraire-éditeur de l'Université et de la Cour de Vienne.

34. *Gelcich.* Physicalische Géographie des Meeres. Géographie physique de la mer.

LUKSCH Joseph, WOLF Jules, et le doct. KÖTTSTORFER, professeurs de l'Académie I. R. maritime de Fiume.

35. Physicalische Untersuchungen längs der Ostküste der Adriatischen Meeres.

Recherches physiques le long de la côte orientale de la mer Adriatique.

a) Raport de *Jules Wolf* et de *Joseph Luksch.* — Le bassin septentrional de lamer Adriatique.

b) Rapport de *Jules Wolf,* de *Joseph Luksch* et du doct. *Köttstörfer.* — La mer Adriatique.

c) Rapport des auteurs ci-dessus iudiqués. — Le Quarnero.

STEFANOWICZ Jean, chevalier de Vilovo; (Major autrichien en retraite).

36. Elf Pegelstands Tabellen über das Steigen und Fallen der Donau und ihrer Nebenflüsse.

Onze tables représentant l'altitude du Danube et de ses affluents: l' Inn, la Drava, le Tibisco et la Sava, avec les principales stations savoir: Schärding, Passavia, Linz, Krems, Vienne, Budapest, Moáacs. Essek, Neusatz, Szeghedin, Semlin, Sissek et Orsova; depuis le premier janvior 1876 au six mai 1881. en tout en 1953 jours.

37. Aufnahmen der Felsengen des Kazan. Levés exécutés dans les défilés rocheux de Kazan.

38. Vortrag über dés seitliche Rücken der Flüsse. Traité sur l' écartement latéral des fleuves.

WEX Gustave. (Conseiller aulique à Vienne).

39. Ueber die Wasserabnahme in den Quellen. Flüssen un Strömen etc.

Sur la diminution de l'eau dans les soures, les fleuves et torrents pendant l'augmentation contemporaine des eaux dans les régions cultivées.
Vienne, 1873.

40. Autre traité sur le même sujet. Vienne, 1879.

41. Ueber die Fortschritte der Ausbildung des neuen regulirten Donaustrombettes bei Wien.
Sur la formation progressive du nouveau lit du Danube, régleé déjà précédemment à proximité de Vienne, et sur les expériences aux quelles cela donne lieu; en outre: une déscription de la catastrophe, advenue lors des entassements des glaces en 1880.

42. Ueger die Wirkungen der Donau Rêgulirung bei Wien.
Sur les résultats des nouveaux travaux de régulation du Danube, à proximité de Vienne, pendant le dernier hîver et en août 1880.

III. CLASSE.

GÉOGRAPHIE PHYSIQUE, MÉTÉOROLOGIE, GÉOLOGIE, BOTANIQUE, ZOOLOGIE.

ARTARIA ET COMP. (Éditeurs de cartes géographiques à Vienne).

43. *Steinhauser*. Kanten zur physicalischen Géographie.
Cartes de géographie physique. 5 feuilles.

BURGERSTEIN, doct. LÉON, (assistant de la chaire géologique à l'Université de Vienne).

44. Heologische beobachtungen im südlichen, Calabrien.
Observations géologiques dans les Calabres méridionales, avec une carte et un tableau. Vienne. 1880.

CHAVANNE doct. JOSEPH, de Vienne.

45. Physicalische Wandkarte von Asien.
Carte physique muraire de l'Asie. Echelle au 1:800 000.
Edouard Hölzel, éditeur.
Vienne, 1881.

46. Physicalische Wandkarte von Africa.
Carte physique muraire de l'Afrique. Echelle au 1:8 000 000, Edouard Hölzel, éditeur. Vienne, 1881.

47. Africa in Lichte unserer Tage.
L'Afrique de nos jours. Configuration de la superficie et géologique, avec une carte ipsométrique.
Vienne ; A. Hartleben, éditeur. 1881.

48. Ueber die mittlere Höhe Africas.
Sur l'altitude moyenne de l'Afrique, avec une carte ipsométrique.

HANN doct. Jules (Directeur de l' institut central de météorologie à Vienne).

49. Graphische Darstellung der jährlicheu Regenverteilung in Oesterreich.
Représentation graphique de la répartition annuelle de la pluie dans les provinces de l'Autriche, 4 feuilles, y compris le texte.
Vienne, 1869-1880.

HARTLEBEN A. (éditeur à Vienne).

50. *Czerny* doct. *François*. Die Veränderlickeit des Klimas und ihre Ursachen.
Les variations climatologiques et leurs causes.

51. *Falb Rodolphe*. Von den Umvälzungen in Weltall.
Des révolutions de l'univers, 3 livres.

I. Dans les régions sidérales.

II. Dans la région des nuages.

III. Dans les profondeurs de la terre.

52. *Sigmund Ferdinand*. Unteregangene Welten.
Les mondes inondés. Histoire populaire de la créaton, avec une carte géologique et 288 gravures sur bois.

53. *Sigmund Ferdinand*. Durch die Sternenwelt oder die Wunder des Himmelsraumes.
À travers le monde sidéral, ou les mer veilles des espaces célestes, avec deux cartes et 154 ilustrations.

54. HEIDLER, chef de l'administration forestière à Hallstadt.

Carte des diverses profondeurs du lac de Hallstadt, d'après les sondages de l'exposant, faites en 1880. Échelle au 1:4760.

HÖLDER Alfred, (éditeur à Vienne).

55. Beiträge zur Paläontologie Oesterreich-Ungarns.
Etudes paléontologiques sur l'Autriche-Hongrie, 1 Vol.

56. *Claus.* Agalmopsis utricularia.

57. » Aequarea forskalea Esch.

58. » Copepodes.

59. *Graeffe.* Seethierfauna,
La Faune des animaux marins.

60. *Hauer chev. François.* Die Geologie der österreichisch-ungarischen Monarehie.
Géologie de la Monarchie Austro-Hongroise.

61. *Hauer chev. François.* Geologische Uebersichskarte von Oesterreich-Ungarn.
Carte générale géologique de l'Autriche-Hongrie ; 1 feuille.

62. *Hauer chev. François.* Carte géologique de l'Autriche-Hongrie ; 12 feuilles, y compris le texte.

63. Jahrbücher dër Geologischen Reichs-Anstalt in Wien.
Annales de l'Institut I. R. géologique de Vienne. 7 volumes, du XXV au XXXI.

64. *Karrer Félicien.* Untergegangene Thierwelt.
Le monde animal, sommaire.

65. *Lielegg.* Geologische Verhältnisse Nieder-Oesterreichs.
Dates géologiques sur la Basse-Autriche.

66. Mineralogisch-petrographische Mittheilungen.
Rapports minéralogiques et pierrographiques.
Nouvelle série ; vol. de I-IV.

67. *Mojsisovics.* Die Dolomitrfffe von Süd-Tirol und Venitien.
Les gisements dolomitiques du Tyrol méridional et en Vénétie.
Les feuilles de I-IV de la carte géologique de la région haute du Tyrol et de la Vénétie sont jontes à cette œuvre.

68. *Mojsisovics.* Geologische Karte von Bosnien mit Textband.
Carte géologique de la Bosnie, avec le texte en un vol.

69. *Niebieski.* Amphipodes.

70, *Paul.* Carte géologique de la Bukovine.

71. *Sceland.* Le mont *HüttenbergerErzberg.*

72. *Stache.* Carte géologique du Litoral.

73. *Toula François.* Geologische Reise in den westlichen Balkan. Excursions géologiques dans les Balcans occidentaux.

74. Verhandlungen der geoloschin Reichsanstalt in Wien.
Actes de l' Institut I. R. géologique de Vienne. Les Années de 1877 à 1880; 7 volumes.

INSTITUT I. R. CENTRAL DE MÉTÉOROLOGIE ET DE MAGNÉTISME TERRESTRE, À VIENNE.

75. Tägliche telegraphische Wetterberichte und Wetterkarten.
Bulletin télégraphique journalier des observations météorologiques et cartes relatives. Les années de 1877 à 1880. 8 vol.

INSTITUT I. R. GÉOLOGIQUE DE VIENNE.

76. Geologische Karte von Ostgalizien und der Bukowina.
Carte géologique de la Galicie orientale et de la Bucovine.
Echelle au 1:75 000. Vienne.

77. Geologische Karte von Bosnien und der Herzegovina.
Carte géologique de la Bosnie et de l'Herzégovine.
Echelle au 1:300 000.

78. Musterblätter der Originalaufnahmen.
Eprenves de levés originaux.

79. Cartes géologiques du Tyrol dans des étuis.

80. Cartes géologiques de la Galicie, dans des étuis.
KARRER Félicien (premier sécretaire du Club scientifipue de Vienne).

81. Geologie der Kaiser *Franz Joseph* Hochquellenleitung.
Etudes géologiques sur l'aqueduc « François Joseph » à Vienne, avec 20 tables et de nombreuses illustrations. Vol. in-4.

82. Des terrains dans des lieux propres aux bains en Bohême 1877.

83. Der Boden der Hauptstädte Europas.
Les terrains des capitales de l'Europe, 1881.

LORENZ doct. JOSEPH, (Romain), chevalier de Liburnau, Conseiller au Ministère de l'agriculture à Vienne).

84. Lehrbuch der Klimatologie für Land un Forstwirthe.

Manuel de climatologie ponr les agriculteurs et les silviculteurs.

NEUMAYR doct. M. (professeur à l'Université de Vienne).

85. Carte géologique de la Grèce centrale et de l'Eubée.

86. Carte géologique des pays litoraux de la mer Egée.

87. Carte géologique de l'île de Kos.

88. Geologische Untersuchungen in den Küstenländern des Aegäischen Meeres.

Recherches géologiques dans les pays litoraux de la mer Egée, oeuvre de *Bittner*, *Buggerstein*, *Heger*, *Neumayr* et *Teller*.

Vienne, 1880, in-4.

PELZELN AUGUSTE, (Gardien du Musée zoologique de Vienne).

89. Zur Ornithologié Brasiliens.

L' ornithologie du Brésil. Etudes sur les collections de *Jean Natterer* pendant ses voyages de 1817 à 1834.

Vienne, vol. in-8.

90. Africa-Indien.

L'Afrique et les Indées. Actes de la Societé zoologique et botanique de Vienne.

91. Ueber die malayische Saügethierfauna.

Sur la faune des mammifères de la Malaisie. Publication faite par ler soins de la Société zoologique et botanique de Vienne, 1876. (avec une carte).

PROCHASKA CHARLES, (éditeur à Teschen, en Silésie).

92. *Kolbenheyer Charles*. La région montagneuse des Tatry.

STACHE doct. GUI. Chef géologue de l'Institut géologique de Vienne),

93. Geologische Karte des Tatra Gebirges.

Carte géologique de la région montagneuse des Tatry.

STEINDACHNER doct. FRANÇOIS, (Directeur du Musée zoologique de Vienne).

94. Abhandlungen über die Fischfauna vou Senegambien ecc.

Traités sur la faune des poissons de la Sénégambie, de l'Amérique méridionale, de l'Espagne et du Portugal.

7 Vol. in-8.; 1 Vol. in-4.

TEMPSKI FRÉDÉRIC, (éditeur à Prague).

95. *Seboth.* Alpenpflanzen.

Plantes Alpines, 2 vol.

TOULA FRANÇOIS, (professeur à Vienne).

96. Geologische Uebersichtskarte des westlichen Balkans.

Carte géologique générale des Balcans occidentaux (chaîne de l'Emo); avec un texte.

WOLF HENRI (Chef géologue à l'Institut géologigue de Vienne.

97. Geologische Gruben Revierkarte des Braunkohlenbeckens von Teplitz, Dux, Brüx.

Carte géologique des mines de lignite dans le district de Teplitz, Dux et Brüx, partie nord-ouest de la Bohême. Estampe coloriée.

Echelle au 1:10 000; 18 feuilles, y compris le texte.

IV CLASSE

GÉOGRAPHIE ANTHROPOLIGIQUE, ETHNOGRAPHIQUE, PHILOLOGIQUE

DÖLTER CORNEL, (professeur à l'Université de Graz).

98. Waffen und ethnographische Objecte von Austeller an der Westküste Africas gesammelt.

Armes et objets en relation avec l'ethnographie, recueillis par l'exposant dans un de ses voyages le long de la côte occidentale de l'Afrique.

a) une épée; *b*) un chapeau, œuvre des *Mandigas*; *c*) une épée d'un noble *Balauta*; *d*) une épée des *Fulatahs*; *e*) une sculpture en bois des *Basagos* (idole représentant un éléphant).

99. Zeichmungen und Skizzen der Landschaften längs des Rio Grande.

Dessins et esquisses des paysages, des types et habitations des habitants le long du Rio Grande (Afrique occidentale).

HARTLEBEN A, (éditeur à Vienne).

100. *Schweiger Lerchenfeld.* Das Frauenleben der Erde.

La vie sociale de la femme dans divers pays de la Terre. 1 Vol. in-8, avec 200 illustrations.

HOCHSTETTER doct. Ferdinand, chevalier, Président de la Société géographique de Vienne).

101. Berichte der Prähistorischen Commission der K. K. Academie der Wissenschaften in Vien.

Rapports de la Commission préhistorique, section des sciences mathématiques et naturelles de l'Académie de Vienne, en 5 fascicules.

BÖLDER Alfred, (éditeur à Vienne).

102. *Müller Frèderic.* Allgemeine Ethnographie.

Ethnographie générale. Vienne.

LENZ. Oscar, doct. (Adjoint á l'Institut I. R. géologique de Vienne).

103; Ethnographistehe Gegenstände.

Objets ethnographiques recueillis pendant son dernier voyage, à travers l'Afrique, occidentale pour Tombouctou.

PROCHASKA Charles (éditeur à Seschen en Silésie).

104. Die Völker Oesterreich-Ungarns Ethnographische und cultur geschichtliche Schilderungen.

Les peuples de l' Autriche-Hongrie. Déscription ethnographique, historique et Sociale.

V. Volume: Les Hongrois ou Magiares, par *Paul Hunfalvy*,

VI. Volume; Les Roumains en Hongrie, Transylvanie et en Bucovine, par *Iean Slavici.*

V. CLASSE.

GÉOGRAPHIE HISTORIQUE, HISTOIRE DE LA GÉOGRAPHIE.

HARTLEBEN A. (éditeur à Vienne).

105. *BermannMaurice.* Alt und Neu Wien.
Vienne antique et moderne. Histoire de la capitale et de ses environs, avec 312 illustrations.

106. *Vernes Jules.* Die Entdckung der Erde.
La découverte de la Terre. Traduction autorisée.

107. *Vernes Jules,* Die grossen Seefahrer des XVIII Jahrhunderts.
Les grands navigateurs du XVIII siècle. Traduction autorisée, 2 Vol.

HÖLDER ALFRED. (éditeur à Vienne).

108. *Tomaszek* (professeur à Graz). Die Gothen in Taurien.
Les Goths en Tauride.

JIRECEK. doct. CONSTANTIN. (Sécretaire général à Sofia, en Bulgarie).

109. Die Heerstrasse von Belgrad à Constantinopel und die. Balkan Pässe.
La route militaire de Belgrade à Constantinople et les défilés des Balkans.
Prague, 1877.

110. Die Handelsstrassen und Bergwerke von Serbien und Bosnien im Mittelalter,
Les routes commerciales et les mines de la Serbie et de la Bosnie, du moyen âge.
Prague, 1879.

LÜKSCK JOSEPH et MAYER ERNEST (professeurs de l'Académie nautique de Fiume).

111. Weltkarte als Behelf zum Studium geographicder Entdeckungen und Forschungen.
Mappemonde pour l' étude des découvertes et explorations géographiques ; 8 feuilles.

MUNICIPALITÉ DE VIENNE (Gemeinde Wien).

112. *Camesina Albert.* Entwicklung Wiens zur Römerzeit und im Mittelalter.

Développement de la Ville de Vienne du temps des Romains et au moyen âge. Le texte in-4, avec 6 plans topographiques.

Vienne, 1877.

113. *Camesina Albert.* Beiträge zur Geschichte der Befestignng Wiens im XVI Jahrhundert.

Dates relatives à l'histoire des fortifications de Vienne au XVI siècle.

Le texte in-4., avec un plan de la Ville.

Vienne, 1880,

PAULITSCHKE doct. Philippe, (professeur gymnasial à Vienne).

114. Die geographisches Erforschung des africanischen Continentes.
Explorations géographiques du continent africain depuis les temps les plns reculés jusqu'à nos jours.
2. édition, Vienne 1880.

PILAT Frédéric nob. (Conseiller I. R. de la légation et consul général de l'Autriche-Hongrie à Venise).

115. *Giovanni Lèardo.* Mappemonde. Venise, 1452.
(Elle porte cette iscription: Joannes Lèardus a Venetis me fecit anno 1452).

WIESER doct. François, (professeur à l'Universitè d'Innsbruck).

116. Magalhàes Strasse und Austral Continent.
Le détroit de Magellan et du Continent Austral, répresenté par des globes de *Jean Schoener.* Etude sur l'histoire de la géographie au XVI siècle.
Innsbruck. Wagner, éditeur, 1881.

VI. CLASSE.

GÉOGRAPHIE ÉCONOMIQUE, COMMERCIALE, STATISTIQUE.

DOBLHOFF baron JOSEPH, à Vienne.

117. Der St. Gotthard Einst und Jetzt.
Le passage du G. Gothard dans les temps anciens et de nos jours, Vienne, 1880.

118. Le Mont Blanc.

119. Die Pfade des Weltverkehrs.
La vie du commerce du monde.

HARTLEBEN A. (éditeur à Vienne, Pest et Leipzig).

120. *Strahalm François.* Politisch-statistische Tafel der österreichisch-ungarischen Monarchie.
Aspect politique et statistique de la Monarchie Austro-Hongroise. IV. Année, 1870.

121. Karte der hervorragendsten Bäder und Luft Curorte von Mittel Europa.
Cartes des localités les plus propres aux bains et de celles de cure en Europe centrale, avec le texte.

HÖLDER ALFRED, (éditeur à Vienne).

122. Statistiches Handbuch der österreichisch-ungarischen Monarchie.
Manuel statistique de la Monarchie Austro-Hongroise.

123. *Hochstetter Ferdinand,* chev. Asien und. seine Zukunftsbahnen.
L'Asie et ses chemins de fer de l'avenir.

124. Berg-und hüttenmännisches Jahrbuch.
Annales de métallurgie et des mineurs. 8. Vol. depuis le XXII au XXIV.

125. Statistiche Manatsschrift.
Journal Périodique mensuel de statistique. Vienne 1875-81. Vol. I. et du III au VII.

126. *Scherzer doct. Charles.* Smyrne.

127. *Zehden*, professeur. Handelsgeographie.
Géographie commerçiale.

128. *Zwiedinck*, (conseiller aulique). La Syrie.

HÖLZEL Edouard. (Institut géographique de Vienne).

139. Physicalisch-statisticher Atlas der österreichisch-ungarischen Monarchie.

Atlas physique et statistique de la Monarchie Austro-Hongroise. Feuilles 1-4 Vienne, 1781.

(Executé sous la direction du doct. *Joseph Chavanne* et avec la coopération de M. M. *Vincent de Haardt*, professeur *Antoine Kerner*; *François Le Monnier*, chevalier; le général *Charles Sanklar*; *François Toula*, professeur.

LE MONNIER François, chev. (Bibliothécaire de la Société géographique de Vienne).

130. Kartes des mittleren un höheren Unterrischtswens sowie der Elementarbildnng in Österreisch-Hugarn.

Cadre graphique de l'instruction moyenne et supérieure, ainsi que de l'enseignement primaire en Autriche-Hongrie. Vienne, Hölzel, éditeur 1881.

131. Graphische Darstellung der Reichsrathsrathswahlen in Oesterreich im Jahre 1878.

Représentation graphique des élections politiques autrichienmes en 1879.

132. Karte der Wertheilung der Örtsgemeinden über 2000 Einwohern in Österreich.

Carte démonstrative de la distribution des communes autrichiennes comptant plus de 2000 habitants, d'après les dates du dernier recensement cles le 31 décembre 1880. (Dessinée à main).

MINISTÈRE I. R. DE L'AGRICULTURE À VIENNE. (K. K. Ackerbau Ministerium).

133. Atlas der Urproduction.

Atlas de la production des matières premières, exécuté sous la direction de *J. R. de Lorenz*.

134. Die Bodenculturverhältnisse Oesterreichs.
Dates relatives à l'agriculture en Autriche. Vienne, Vol. in-8.

STRASSER Frédéric et le doct. Joseph KRÜCKULA (médecins militaires).

135. Graphische Darstellung der Sanitätsstatistik in K. K. Heere im Jahre 1877.
Représentation graphique de la statistique sanitaire de l'armée autrichienne I. R. de l'année 1877. Vienne.

RUREAU POSTAL (*POST-COURSBUREAU*) DU MINISTÈRE I. R. DU COMMERCE À VIENNE.

136. Post und Eisenbahakarte der österreichisch-ungarischen Monarchie.
Carte postale et de chemins de fer de la Monarchie Austro-Hongroise, en 16 feuilles. Echelle au 1:576 000.

137. Carte postale et des chemins de fer de la Monarchie Austro-Hongroise. 1 feuille.

138. Postcours Karte der Postdirectionsbezirke Oesterreichs.
Carte itineraire postale des Directions des postes autrichiennes dans les districts.

139. Verzeichnis der Postamter, Telegrafenämter der Einsenbahn- und Dampfschiffstationen in Oesterreich- Ungarn.
Liste des offices postaux télégraphiques et des stations de chemins de fer et des lignes de navigation à vapeur en Autriche-Hongrie.

140. Die Postcourshefte der einzelnen Kronländer. 9. Hefte.
Régistres itinéraires postaux pour certains pays et royaumes de la Couronne. 9 fasc.

141. Das Portcoursbuch vom Juli 1881.
Régistre itinéraire postal du mois de Juillet 1881.

142. Dictionnaire postal de la Bohême.

143. » » de la Moravie et de la Silésie.

144. » » de la Dalmatie.

WYDYMSKI Dieudonné et POHL Jean à Vienne.

125. Eisenbahnkarte des östrichen Europa mit besonderer Berücksichtigung des Russischen Reiches.
Cartes des chemins de fer de l'Europe orientale, avec un coup d'oeil particulier sur l'Empire de Russie.
Vienne, 1881 ; 4 feuilles.

VII. CLASSE.

MÉTHODOLOGIE, ENSEIGNEMENT ET PARTAGE DE LA GÉOGRAPHIE.

FELKL, et fils (fabricants de modèles et instruments déstinés à l'enseignement de la géographie à Roztok, non loin de Prague.

146. Globes terraqueux N. 5.
147. Globes terraqueux N. 6.
148. Spères célestes N. 5.
149. Spères armillaire s N. 2.
150. Instrument telluri que N. 1.
151. Instrument pour expliquer le système planétaire.
152. Globe du systeme à induction avec le texte.

FREYTAG GUSTAVE. (Institut cartographique de Vienne)·

153. *Rothang*. Bürgerschul Atlas.
Atlas des écoles publiques. Il n'y a que des feuilles qui se rapportant à l'Autriche et à la partie sud-ouest de l'Europe.

GRAESER CHARLES (éditeur à Vienne).

154. *Fronius Fr.* Cilder aus dem säehsischen Bauernleben in Siebenbürgen.
Cadres descrîptifs de la vie des paysans en Transylvanie. Etudes relatives à l'histoire de la culture allemande. Vienne, 1879.

155. *Herr Gustave*; Lehrbuch der vergleicheuden Erdheschreibung.
Manuel de géographie comparative à l'usage des gymmases et des écoles techniques.
I. Cours. Nations fondamentales pour l'enseignement élémentaire de la géographie. 9. édition, 1880.
II. Cours. Déscription des pays et des nations. 6. édition, 1880.
III. Cours. La Monarchie Austro-Hongroise. Vienne, 1879.

156. Die Länder Oesterreich-Ungarns in Wort und Bild.
Les pays de la Monarchie Austro-Hongroise, décrits et illustrés. Cet oeuvre a été dirigée par le prof. *Gr. Umlauft*, 15. Vol. in-8.

Des dits XV volumes sont exposés les suivants:

I. *Umlauft.* L'archiduché de l'Autriche inférieure.

II. *Grassuer doct. Ferdinand.* L'archiduché de l'Autriche supérieure.

III. *Jüttner doct. M.* Le comté du Tyrol et le Voralberg.

IV. *Jauker Charles.* Le duché de Styrie.

V. *Ricter.* Le duché de Salisbourg.

VI. *Steinwerden.* Le duché de Carinthie.

VII. *Langhaus* Le royaume de Bohême.

VIII, *Smolle.* Le margraviat de Moravie.

XIII. *Reissenberger.* La Transylvanie.

157. *Umlauft doct. François.* Wanderungen durch die Oesterreichisch-Ungarische Monarchie.

Excursions à travers le territoire de la Monarchie Austro-Hongroise. Déscription de divers pays d'apres leur importance géographique et historique. Oeuvre publiée à Vienne par ordre du Ministère de l'istruction publique, avec des illustraticns.

158. *Trudk Hanns.* Ueber die Cnschaulichkeit des geographischen Unterrichtes.

Le mode de rendre brillant l'enseignement géographique, ayant spécialement en vue la lecture des cartes.

HARTLEBEN A. (éditeur à Vienne).

159. *Balbi Adrien.* Algemeine Erdbeschreibung oder Hausbuch des geogaaphischen Wissens.

Géogrephie générale ou encyclopédie de la science géographique. 6. édition, traduite et augmentée par le doct. *C. Arendts;* 2 vol. avec des illustrations.

160. *Richard Edouard,* Katechismus der Geographie und Statistik der österr.-ungarischen Monarchie.

Catéchisme de géographie et de statistique de la Monarchie Austro-Hongroise.

HÖLDER ALFRED, (éditeur à Vienne).

161. *Hannak.* Vaterlandekunde, Oberstufe.

Traité géographique déscriptif de l'Autriche. Il sert aux classes.

162. *Hannak.* Vaterlandskunde. Unterstufe,
Traité géographique déscriptif de i'Autriche. Ponr les classes inférieures.

163. *Hannah.* Abrégé d'histoire et de géographie.

164. *Hirsch.* Heimatkunde des Herzogthums Steiermark.
Déscription du Duché de Styrie.

165. Hölders Geographische Jugend und Volksbibliothek.
Bibliothèque géographique de Hölder pour la jeunesse et pour le peuple. 12 vol.

166. *Seibert.* Schulgeographie.
Géographie à l' usage des écoles. 3 fascicules.

167, *Seibert.* Leitfaden der Geographie.
Abrégé de géographie.

168. *Steibert.* Géographie à l'usage des écoles. 3 fascicules.

169. *Trampler.* Leitfaden der allgemeinen Geographie.
Traité de géographie générale.

170. *Trampler.* Heimatkundn der Markgrafschaft Mähren.
Déscription du Margraviat de Moravie.

171. Zeitschrift für Schulgeographie.
Journal périodique pour l'enseignement de la géographie dans les écoles. I e II années, 2 vol.

HÖLZEL Edouard. (Institut géographique de Vienne.)

172. Wandkarte der Alpen.
Carte muraire des Alpes, tracée par *Vincent de Haardt.*
Echelle au 1:600 000, 6 feuilles.

173. Schulwandkarte von Asien.
Carte muraire de l'Asie à l'usage des écoles, tracée par *Vincent de Haardt*, avec carte physique, du docteur *Chavanne.*
Echelle au 1:8 000 000.

174. *Chavanne.* Carte muraire physique de l' Afrique, dressée et dessinée par le docteur Chavanne, revue par *Henri Duveyrier.*
Echelle au 1:8 000 000.

175. Carte du royaume de Dalmatie projet, et dessinée par *Vincent de Haardt.*
Echelle au 1:350 000.

176. Carte de la Palestine, théâtre de l'Histoire Sainte, de *B. Kozenn.*
Echelle au 1:226 000.

177. Carte de l'Europe, projetée et dessinée par *B. Kozenn.*
Echelle au 1:4 500 000.

178. *Baur C, F.* Herzogtum Krain.
Carte du duché de Carniola.
Echelie au 1:1 500 000.

179. *Baur C. F.* La Monarchie Austro-Hongroise.
Echelle au 1:800 000.

180. *Haardt V.* Wandkarte der östlichen Alpen.
Carte muraire des Alpes orientales.
Echelle au 1:1 000 000.

181. *Sommer Adolphe.* Generalkarte von Mähren und Schlesein.
Carte générale du margraviat de Moravie et du duché de Silésie; revue par le prof. *Koristka.*
Eehelle au 1:432 000.

182. *Koristka.* Generalkarte des Königreiches Böhmen.
Carte générale du Royaume de Bohême.
Echelle au 1;432 000.

183. *Haardt V.* Geographischer Atlas Volkschulen.
Atlas géographique pour les écoles populaires.
Le cartes représentant: Les alentours de Vienne, d'Innsbruck, de Klagenfurt et de Linz à l'échelle de 1:150 000 ceux du Tyrol avec le Voralberg, de la Styrie et de la Carinthie, de l'Autriche inférieure et de la Bohême à l'échelle de 1:1 000 000; enfin les cartes des montagnes et fleuves du Tyrol, de la Styrie, de la Carinthie, de l'Autriche inférieure et de la Bohême, à l'echelle de 1:1 000 000.

184. *Kozenn B.* professeur. Geographischer Schulatlas für Gymnasien Real und Handelschulen.
Atlas geographique pour les gymnases, les écoles techniques et commerciales. 25 édition, revue et publiée par *V. de Haardt* et le prof. *Umlauft.*

185. *Kozenn.* Leitfaden der Geographie für die Mittel-und Bürgerschulen.
Petit traité de Géographie pour les gymnases et les écoles de la Monarchie Austro-Hongroise; 6. édition, revue par *Conrad Jarz.*

186. *Gölzel.* Geographische Catactelbider für Schule und Haus. Cadres des régions géographiques typiques à l'usage des écoles et pour l'enseignement domestique, publiés sous la direction du doct. *Chavanne*, de *V. de Gaardt.* de *V. de Prausck*, du prof. *Simony*, du prof. *Toula* et du professeur *Zehden.* En 60 feuilles.

I. Les monts d'Ortier.

II. Les canons et les chutes du Ssoshone dans l'Amérique septentrionale.

III. Le golfe de Pozzuoli, avec celui de Baïa, et le cap Misène.

IV. Le désert.

V e VI. Le *Berner Oberland.*

VII. La montagne de glace de *Pasterzen.*

187. *Langl I.* (prof)., Bilder zur Geschicht für Gymnasien u. s. w. Cadres pour l'étude de l' histoire dans les gymnases; en 35 feuilles:

I. série. Les Monuments de l'Egypte des, Indes, de la Babylone, de l'Assyrie, de la Perse et de la Grèce: 20 feuilles.

II. Les monuments romains: 8 feuilles.

III. Les Monuments du christianisme antiquede la période italique romaine en Arabie: 12 feuilles.

IV. Les plus remarquables monuments du style romain, gothique et de la renaissance. 12 feuilles.

Aux dites séries est adjoint le texte et un supplément.

JIRECEK doct. ERMÉNÉGILDE (Conseiller au Ministère I. R. de l'Instruction Publique à Vienne).

188. Geographische Dichter Bilder,

Poésies de texte géographique, recueillies et publiées par l'auteur. Vienne, Hölzel éditeur, 1882.

189. Umgebungskarte der Stadt Hohenmauth für die Volkschule, Carte des environs de la Ville de Hohenmauth à l' usage der écoles populaires.

LETOSCHEK EMILE (Lieutenent d'artillerie à Vienne).

190. Tableau der wichtigsten geographisch-physicalischen Verhältnisse.

Cadre des phénomènes naturels qei ont relation avec la géographie physique.
Vienne, Hölder éditeur.

191. Tableau der wiehtigsten meteorologisch-geographischen Verhältnisse.
Cadre représentant les plus importants phénomènes de la nature, en relation avec la géographie météorologiqne, en publication.

192. Tableau der wichtigsten astronoimisch-geogsaphischen Verhältniss.
Cadre représentant les plus importants phènomènes de la nature, en relation avec la gèographiè astronomique.
Vienne, Hölzel éditeur.

PALACKI doct. JEAN (libre docent â l' Université de Prague.

193. Hemèpis vidniky.
Géographie de l'Afrique et de l'Australie, li vol. in 8.

194. Asie. Prirodni pomery. Praze 1872.
Géographie physique de l'Asie. Prague, 1872.

195, Amerique. Statistikè nacrtky. Praze 1871.
Statistique de l'Amérique. Prague, 1871.

196. Etude comparative sur la flore antidiluvienme et antarctique. Prague, 1881.

PAULITISCHKE doct. PHILIPPE (professeur de gymnase à Vienne).

197. Leitfaden der geographischen Verkedrslehre.
Abrégé de géographie commerciale à l'usage des écoles et de l'instruction privée. Breslau, 1881.

PICK doct. GERMRAIN (Directeur du Gymnase de Salisbourg).

198. Téléstéréoscope.

TEMPSKI FRÉDERIC (éditeur à Prague).

199. *Hann*, *Hoseskelter*, *Pokorny*. Allgemeine Erdkunde.
Géographie physique générale.

200. *Rothaug*. Lehrbuch der Geographie.
Manuel de Géographie. 3. vol.

201. *Seibert*. Géographie; 3 vol.

202. *Steinhauser*. Lehrbuch der Geographie.
Abrégé de géographie; 2 vol.

203. *Steinhauser*. Géographie de ,lAutriche-Hongrie.

THELLER JULES, (maître des écoles publiques à Vienne).

204. Ueber Reliefkarten.
Etude sur les cartes en relief.

205. Reliefkarte (Königreich Bohem) Schülerarbeit zur Illustrirung der Darstellungsweise.
Carte en relief (Royaume de Bohême); ouvrage à l'usage des écoliers, destiné à éclaircir le système de préparation des plastiques.

206. Proben der verwendeten plastichen Masse.
Echantillon de la masse plastique préparée.

ZAFFAUK nob. DE ORION, (major I. R. à l'Académie technique militaire de Vienne).

207. Populäre Anleitung zum Plan-und Kurtenlesen.
Instruction populaire pour la lecture des plans et des cartes: III. édition.

208. Populäre Anleitung für die graphische Darstellung des Terrains in Plänen und Karten.
Instruction populaire sur la représentation graphique du terrain dans les plans et cartes géographiques: 2 vol.

209. Populäre Anleitung zum Croquiren des Terrains.
Instruction populaire pour faire des esquisses sur le terrain, avec et sans instruments.

210. Zeichenschlüssel zum Lesen russischer Kartenwerke.
Clef des signes des cartes russes.

211. Signaturen in und ausländischer Kasteuwerke zun Gebrauche in 10 Sprachen.
Interprétation des signes des cartes géographiques nationales étrangères, compilée en 10 langues: II. édition.

212. Kleiner Zeichenschlüssel in Taschenformat.
Petite clef des signes: format portatif; 4. édition.

VIII. CLASSE.

EXPLORATIONS ET VOYAGES GÉOGRAPHIQUES

CHAVANNE doct. JOSEPH, KARPF doct, LOUIS et LE MONNIER FRANÇOIS, chev.

213. Die Literatur über die Polar Regionen der Erde.
La bibliographie des régions polaires. Oeuvre publiée par les soins de la Société géographique de Vienne en 1878.

CLUB DES ALPINISTES AUTRICHIENS À VIENNE

214. Österreichischer Touristen club. (Jahrbücher)
Annuaires pour les années 1870-81 : 11 Volumes.

215. Alpine Cronik pro 1880.
Chronique alpine pour l'année 1880 ; 1 volume.

216. Cronik des österr. Touristen Clubs.
Chronique du Club des alpinistes autrichiens.

217. Festschrift zur Feier des 10 jährigen Bestandes.
Publication faite à l'occasion du jubilé décennal de la Société.

218. *Ziegler I.* (Touristenführer) Guide à l'usage des Alpinistes de Leobersdorf et de Gutenstein.

219. *Rabl.* (Touristenführer) Guide à l'usage des Alpinistes de la vallee de Triesting.

220. *Rabl.* Das Traisen und Bielachthal.
La vallée de Traisen et de Bielach.

221. *Yelinka Th.* Scheibbs, Waidhoffen, Weyer.

222. *Rabl.* Le mont Raxalpe.

223, *Fischer von Röslerstamm Ed.* Le mont Schneeberg.

224. *Friscauf*, Tafel zur Berechnung barometrischer Höhenmessungen.
Table pour le calcul observations barométriques appliquée des à la mesure des altitudes.

225. Uebersichtskarte und Tabellen der Wegmarkungen im Wiener Wald.

Carte générale du *Wienerwald* et tableau des signes indiquant les chemins forestiers.

226. Oesterreichische Touristen Zeitung.
Journal des alpinistes autrichiens, 1881.

227. *Silberhuber A.* Touristenkarten des Wiener Waldes.
Carte du *Wienerwald* pour les alpinistes; 2 feuilles.

228. Panorama du Gaberg (Attersee).

229. » » Gaisberg près de Salisbourg.

230. » » Gallemberg près des Laibach.

231. » » Grintouz (Alpe des Sannthal).

232. » » Hermanskogel près de Vienne.

233. » » Henkuppe (Raxalpe).

234. » » Hochmölbing près de Lietzen.

235. » » Hochschwab » Aflenz.

236. » des Karawanken » Velden.

237. » du Leopoldsberg » Vienne.

238. » » Mont Majeur » Fiume.

239. » » Oetscher » Maria Zell.

240. » » Schneeberg » Vienne.

241. » » Schönberg » Ischl.

242. » » Grosse Sonnleifstem dans le Nasswald.

243. » » Grosse Stou (Karawanken).

244. » » Traunstein près de Gmunden.

245. » » Wetterkogl (Raxalpe).

DOBLHOFF baron JOSEPH, de Vienne.

246. Von den Pyramiden zum Niagara.
Wien, 1880.
Des pyramides au Niagara.
Vienne, 1880.

FREYTAG GUSTAVE (Institut géographique à Vienne).

247. *Kreitner.* Karte der Insel Yesso.
Carte de l'île de Yesso.

248. *Kreitner.* Karte von China.
Carte de la Chine.

249. Karten von der Franklin search party.
Carte de l'expédition arctique de *Schwatka.*

HARTLEBEN A., (éditeur à Vienne).

250. *Barker* Lady, Ein Jahr aus dem Leben einer Hausfrau in Süd Africa.
Une année de la vie d'une maitresse de maison dans l'Afrique du Sud. Traduction autorisée.

251. *Bermann M.* Illustrirter Führer durch Wien und Umgebungen. 2 Aufl.
Guide illustré de Vienne et de ses environs. (2. édition, avec 3 cartes.

252. Bosnien in Bild und Wort.
La Bosnie illustrée et décrite, 20 dessins à main de *Kirchner*, Texte de *Schweiger Lerchenfeld;* in-8.

253. *Chavanne Dr. I.* Afghanistan, Land und Leute. Mit Karte.
L'Afghanistan. Le pays et le peuple. Avec une carte.

254. *Chavanne Dr. I.* Central Africa und die neueren Expeditionen zu seiner Erforschung.
L'Afriqne centrale et les nouveaux voyages d'exploration.

255. *Chavanne Dr. I.* Die Sahara oder von Oase zu Oase. Mit Karte.
Le désert de Sahara, ou, d'une oasis à une autre. Avec une carte.

256. Deutsche Rundschau für Geographie und Statistik.
Journal de géographie et de statistique. Vienne; 3 années: de 1878 à 1881.

257. Donau Album. Mit 25. Illustrationen.
Album du Danube, avec 25 illustrations. Voyage pittoresque de Ratisbonne (*Regensburg*) à Sulina. Le Texte en langues: allemande, française, anglaise et hongroise.

258. *Dorneth I. v.* Aus dem Kaukasus und der Krim. Illustrirt. Déscription du Caucase et de la Crimée. avec des illustrations.

259. *Herbert Lucien.* Illustrirter Führer durch 100 Luftcurorte. Guide illustré de cent localités hygiéniques, avec une carte.

260. *Herbert Lucien.* Die böhmischen Bäder, Les bains de la Bohême, avec une carte.

261. *Hesse Wartegg E. v.* Die atlantischen Seebäder. Les bains de l'Océan Atlantique.

262. *Holtz L.* Um und durch Spanien.
Un voyage en Espagne dans le but de recherches et d'études ornithologiques.

263. *Jedina Léopold v.* Um Africa.
Voyage autour de l'Afrique. Déscription du voyage de la corvette « Helgoland » dans les années 1873-1875, avec une carte.

264. *Ionas E.* Ein wahres freies Volk. Eine Studie über die Republik San Marino.
Un peuple vraiment libre. Etude sur la République de San Marino, avec une carte.

265. *Klinggräff.* Bilder aus der österreichischen Rheinprovinz.
Déscription de la province autrichienne du Rhin, avec des illustrations.

266. *Klutschak H.* Als Eskimo unter den Eskimos. Eine Schilderung, der Erlebnisse der Schwatkaschen Franklin Aufsuchungs Expedition in den Jahren 1878-1880. Mit 3. Karten.
Entre les Esquimaux. Déscription des aventures touchant l'expédition Américaine du lieutenant *Schwatka* à la recherche de Franklin, de 1878-1880, avec trois cartes.

267. *Littrow H. v.* Carl Weyprecht, der österreichische Nordpolfahrer.
Charles Weyprecht, le navigateur arctique autrichien.

268. *Noe H.* Dalmatien und seine Inselwet.
La Dalmatie et ses îles.

269. *Chavanne.* Die engliche Nordpolexpedition (1875-76) unter Captain Nares.
L'expédition arctique anglaise (1875-76) sous le comandement du capitaine *Nares.*

270. *Osterreicher v.* Aus fernem Osten und Westen. Illustrirt.
À l' Orient et l' Occident lointains. Déscriptions de l'Asie orientale, de l'Amérique septentrionale et méridionale.

271. *Rabl.* Illustrirter Glockner Führer.
Guide illustré du *Gross Glockner.*

272. *Schweiger Lerchenfeld A. v.* Zwischen Pontus und Adria.
De la Mer Noire à la Mer Adriatique. Déscription d'un voyage autour de la péninsule des Balcans.

273. *Schweiger Lerchenfeld A. v.* Der Orient.
L'Orient, avec des illustrations.

274. *Umlauft Dr. Fr.* Die österreichisch-ungarische Monarchie. Geographisch-statistiches Handbuch.
La monarchie Austro-Hongroise. Manuel géographique et statistique.

275. *Weyprecht C.* Die Nordpol Expditionen.
Les éxpéditions futures au pôle arctique avec de sûrs resulats, dont on ne s'attend pas, s'ils viennent à être comparés avec ceux déjà obtenus dans les regions polaires.

276, Wien im Jahre 1881. Illustrirter Führer.
Vienne en 1881. Guide illustré, 2. édition.

277. *Winterberg A.* Malta. Geschicte und Gegenwart.
Malte. Son histoire et ses conditions actuelles.

278. *Chavanne Dr. J.* Karte von Central Asien.
Carte de l' Asie centrale. Echelle au 1;5 000 000.

HEKSCH Alexandre á Vienne.

279. Illustrirter Führer auf der Donau von Regensburg bis Sulina.
Guide illustré du Danube, depuis Ratisbonne jusqu'à Sulina. Vienne, Hartleben, 1881, 2. édition.

280. Illustrirte Führer durch die Karpathen und oberungarischen Badeorte, 1881.
Guide illustré des Karpathes et des localités de bains de la Hongrie supérieure. Vienne, 1881.

HESSE-WARTEGG (de) Ernest, domicilié à Londres.

281. Nord America. — Amérique septentrionale; 1880, 4 vol.

282. Prairiefahrten.
Voyages à travers les prairies de l'Amérique, 1881.

283. Mississippifahrten.
Voyage sur le Mississipi; 1882.

284. Die Regentschaft Tunis.
La Régence de Tunis; 1881.

285. Der unterseeische Tunnel zwischen Frankreich und England.
La galerie sous marine entre l'Angleterre et la France; 1875.

286. Karte de Regentschaft Tunis.
Carte de la Régence de Tunis.

287. Karte des Seendistricts von Biserta.
Carte du district de Biserta.

288. Aufnahme der Umgebung von Susa.
Déscription des alentours de Susa.

HÖLDEG ALFRED, (éditeur à Vienne).

289. *Dethier*, Le Bosphore.

290. *Hilberg*. Excursion à *Eski Djumaïa*.

291. *Holub Dr. Em.* Sieben Jahre in Süd Africa.
Sept années dans l'Afrique méridionale. 2 volumes.

292. *Lehnert*. Um die Erde.
Tournée intérieure sur terre; 2 volumes.

293. *Marno*. Reise in den ägyptischen Aequinoctial Provinzen.
Voyage dans les provinces équatoriales de l'Egypte.

294. *Payer*. Die oesterreichischen-ungerische Nordpol Expedition.
L'expédition polaire Austro-Hongroise.

HOLUB doct. EMILE (à Vienne).

295. Journal de voyage.

296. Journal de zoologie et de botanique. Les Mammifères.

297. » » » » Oiseaux.

298. » » » » Plantes.

299. « Sept années dans l'Afrique méridionale. » Déscriptions d'un voyage.
a) Édition allemandé ; 2 Vol. Vienne. 1880.
b) » bohême ; 1 Vol, Prague, 1880.
c) » anglaise ; 2 Vol. Londres, 1881.

300. Royaume de *Marutse Mambunda*. Oeuvre pnbliée par les soins de la Société géographique de Vienne, 1879.

301. Few words on the Natlve Question.
Peu de paroles sur la question des indigènes. Kimberley, 1877.

302. The Victoria falls.
Les chutes de la Victoria. Grahomstown, 1879.

303. Die Salzseen Süd Africas.
Les lacs salés de l'Afrique méridionale. Ouvrage publié par les soins de la Société géographique et statistique de Francfort sur le Mein. 1881.

304. National-ökonomische Bedeutung der Africaforschung.
Importance économique des explorations africaines. Ouvrage publié par les soins de la Société géographique de Vienne, 1881.

305. Katalog der Ausstellung der vom Reisenden gesammelten Objecte.
Catalogue des objets exposés au *Pavillon des Amateurs* à Vienne, et recueillis par l'exposant durant ses trois voyages en Afrique méridionale. Vienne, 1880.

306. Traité sur les peuples de *Manansa* de la *Terre d'Albert* (Albertland) et du *Schoschong*, capitalə des *Bamauguates orientaux*.

307. The South African Native tribes.
Les tribus indigènes de l'Afrique méridionale, Ouvrage publié par les soins de la Société royale anthropologique de la Grande Bretagne et de l'Irlande.

308. A journey from the Diamondfields to the Zambesi.
Voyage depuis les *Champs des Diamants* jusqu'au fleuve de *Zambesi*. Ouvrage publié par les soins de la Société géographique de Londres.

309. The Trade of the South African Colonles with the Interior.
Le commerce des colonies de l'Afrique méridionale avec l'intérieur. Ouvrage publié par l'Institut royal des Colonies à Londres.

310. Die stämme des Marutse Reiches.
Les tribus du Royaume des *Marutse*. Ouvrage publié par les soins de la Société de Berlin.

311. Die Victoria Fälle.

Les chutes de la *Victoria*. Ouvrage publié par la Société des naturalistes à Reichenberg.

312. Une colletion de dessins à plombagine, exécutés sur place par l'exposant, pendant son troisième voyage ; 62 feuilles.

313. Une collection d'aquarelles exécutées pendant le troisiéme voyage de l'exposant à *Schoschong* et *Linokana;* 41 feuilles.

314. Carte générale des voyages de l'exposant dans l'Afrique méridionale. Echelle au 1:7 200 000.

315. Carte des chutes de la *Victoria* dans le fleuve de *Zambesi*. Echelle au 1:10 500.

316. Das nordöstliche Ufer de *Soa Salz Sees*. Ost Bamangwato Land.

La rive nord-est du *Lac salé de Soa*, dans la terre des *Bamanguato* orientaux.

317. Reisetour durch die westliche *Makalaka* Provinz. *West Matabele.*

Voyage à travers la Province occidentale de *Makalaka*, habitée par les *Matabels* occidentaux. Echelle au 1:128 000.

318 Reise durch die Hartsriverebenen. Vom Moffats Salzsee bis Linokana. West Transvaal.

Voyage à traves les plaines du *Hartsriver*, depuis le lac salé de *Moffat* jusqu'à *Linokana*, dans le *Transvaal* occicidental. Echelle au 1:128 000.

319. Reise von Linokana durch das *Bushfeldt*. Oestliches *Bakuena Land* und das südöstliche Ost *Bamangwato Land* bis *Schoschong*.

Voyage de *Linokana* à travers le *Bushfeldt*. Terre orientale de *Bakuena* et depuis la partie nord-est de la Terre des *Bamanguato Orientaux* jusqu'à *Schoschong*.

320. Central Lauf des Zambesi. Von der Makumba Bucht bis Schescheke.

Cours central du fleuve de *Zambesi*, depuis le golfe de *Makumba* jusqu'à *Schescheke*.

321. Von Scheseheke Strom aufwärts bis zum Nambwe Katarakte. — Süd Barotse.

Depuis le fond du fleuve de *Schescheke*, en remontant le courant, jusqu'aux Cataractes de *Nambwe*, terre des *Barotse* méridionaux.

KANITZ E. (de Vienne).

322. Originalkarte von Bulgarien und dem Balkan nach den Reisen von 1860-74. Wien 1880.

Carte originale de la Bulgarie et des Balcans, tracée à la suite des voyages accomplis dans les années 1860-74. Vienne 1880.

323. Donau, Bulgarien und der Balkan.

La Bulgarie, le Danube et les monts Balcans, 2. édit. 3 volumes, Leipzig, 1880.

KLUTSCAK Henri. de Prague, gèometre et dessinateur de l'éxpédition arctique américaine *Schwatka*, à la recherche de Franklin.

324. 30 Originalskizzen.

30 Esquisses originales.

325. 7 Originalkarten dieser Expedition.

7. Cartes originales de l'expédition.

326. Ein Blatt trigonometrische Küstenaufnahme.

Une feuille des mesures trigonomètriques de la côte.

327. Elf Blätter grafischer Marschrechnung.

Onze feuilles de calcul itinéraire graphique.

328. Ein Tagebuch mit den meteorologischen Beobachtungen.

Journal des observations météorologiques depuis le 15 août 1878 jusqu'au 15 août 1880, contenant en outre une collection de vocabules de la langue des Esquimaux.

KREITNER Gustave (Lieutenant d'infanterie I. R. à Vienne).

329. Skizzen der Originalaufnahmen in Ostasien.

Dessins des levés originaux faits par l'auteur dans sa qualité de géographe de l'éxpédition du comte *Hzechenyi* dans l'Asie orientale. Echelle au 1:1 000 000 et du 600 000.

330. Uebersichtskarte der Routen dieser Expedition in China.

Carte générale itinéraire de ladite expédition en Chine.

331. Im fernem Osten. Eine populäre Reisebeschreibung.
À l'orient lointain. Déscription populaire des voyages.
Vienne, 1881. Hölder, éditeur.

LENZ doct. OSCAR (Adjoint à l'Institut géologique I. R. de Vienne).

332. Itinerar einer Reise durch Marokko, Sahara und Sudan.
Itinéraire d' un voyage au *Maroc*, au *Sahara* et au *Soudan*.

333. Carte géologique de l'Afrique du nord-ouest, avec des profils.

334. Carte ethnographique du territoire d'*Ogowe*.

335. Skizzen aus West Africa. 1 Band.
Equisses de l'Afrique occidentale. 1 volume.

336. Schatulle mit Photographien aus Marokko.
Collection de photographies du *Maroc*.

337. Uebersichtskarte seiner Reisen in Africa.
Carte générale des voyages du doct. *Oscar Lenz* en Afrique, pendant les années 1875-1877 et 1879-1881.

LUX ANTOINE, (Lieutenant d'artillerie I. R. professeur à l'école militaire d'Eisenstadt).

338. Von Loanda nach Kimbundu.
De *Loanda* à *Chimbundu*. Résultats de l'expédition dans la partie occidentale de l'Afrique équatoriale.
Années 1875-76. Vienne, 1880. Hölzel, éditeur.

SOCIÉTÉ ALPINE ALLEMANDE ET AUTRICHIENNE. DE VIENNE.

339. (Verhandlungen). Actes de la Société alpine autrichienne, rédigés par *P. Grohmann* et *E. de Mojsisovics*. Vienne, 1864.

340. (Mittheillung). Compte-rendus de la Société alpine autrichienne. Vienne, 1863-4 : 2 vol.

341. (Jahrbücher). Annales de la Société alpine autrichienne. Vienne, 1865-73 ; 9 vol.

342. (Zeitschrift). Journal de la Société alpine allemande, rédigé par *Th. Trautwein*. Munich, 1870-73 ; 4 vol.

343. (Zeitschrift). Journal de la Société alpine allemande et autrichienne, rédigé par *K. Haushofer*. Munich, 1874-80; 7 vol.

344. (Mittheilungen). Compte-rendus de la Société alpine allemande et autrichienne. *Th. Petersen*, rapporteur.
Francfort sur le Mein, 1875-80; 6 vol.

345. Anleitungen zu wissenschaftlichen Beobachtungen auf Alpenreisen.
Instructions pour les observations scientifiques à faire pendant les voyages alpins. Leipzig, 1878-81; 3 vol.

346. Ein Blick auf die Ziele und Leistungen des Alpen Vereins.
Coup d'œil sur les buts, que se propose la Société alpine austro-allemande, et sur les travaux à exécuter.

347. (Statuten). Les statuts de la Société alpine austro-allemande.

348. Führer durch das Salzkammergut.
Guide pour le *Salzkammergut* et les pays limitrophes.

349. *Koch G.* Les *Murbrüche* du Tyrol.
Vienne, 1876.

350. *Koch G.* Geologische, Mittheilungen aus der Ötzthalergruppe.
Notices géologiques sur la région montagneuse de l'*Ötzthal*.
Vienne, 1875.

351, *Koch G.* Die Tunnelfrage bei der Arlbergbahn.
La question du tunnel du mont Arlberg, avec une carte; Vienne, 1880.

352. *Koch G.* Ueber Eiskristalle im lockeren Schutt.
Les cristaux de glace sur les terrains éboulés.

353. *Schöpf I. A.* Pierre Chärles Thurwieser. Salisbourg, 1881.

354. *Keil.* Carte du groupe des monts *Gross Venediger*. Echelle au 1:84 000; 1866.

355. *Wiedenmann P.* Carte du groupe du *Gross Glockner*. Echelle au 1:66 000; 1871.

356. *Hoffmann C.* Carte du groupe central de l'*Ortler*. Echelle au 1:71 000; 1871.

357. *Stark Félix.* Ideale Uuebersicht von Südost-Bayern zur Eiszeit.
Vue imaginaire de la partie sud-est de la Bavière à l'époque des glaces.

358. *Mojsisovics.* Geologische Uebersichtskarte des Grenzgebietes zwischen Ost-und Westalpen.
Carte générale géologique de la région comprise entre les Alpes orientales et les Alpes occidentales. Echelle au 1:576 000.
359. *Wiedenmann P.* Carte des Alpes dolomitiques du Tyrol oriental. Echelle au 1:1 000 000; 1873.
360. *Waltenberger A.* Le groupe des monts Hohen Ifen. Echelle au 1:75 000.
361. *Urbas.* Carte hydrographique du duché de Carniola. Echelle au 1:594 000.
362. *Waltenberger A.* Carte des Alpes de Daumen. Echelle au 1:50 000.
363. *Fugger.* Carte géologique du mont Untersberg. Echelle au 1:50 000.
364. *Haushofer.* Carte du groupe des monts Stubai. Echelle au 1;50 000. 3 feuilles.
365. *Haushofer.* Carte des Alpes d'Oetzthal. Echelle au 1:50 000; 6 feuilles.
366. *Petters.* Carte du Kaiser Gebirge. Echelle au 1:50 000.
367. *Petters.* Carte des monts Riesenferner. Echelle au 1:50 000.
368. Carte du groupe des monts Hirzer. Echelle au 1:50 000.
369. *Inkemeyer.* 9 levés des Alpes d'Oetzthal et de Stubai, d'après la carte publiée par la Société alpine (section de Hambourg), échelle au 1:50 000.
370. *Keil Fr.* Levé de Schneeberg et du Raxalpe. Echelle au 1:43 200.
371. Levé du groupe de Rofan.
372. Levé du groupe de Hirzer.
373. *Simony.* Panorama du Sarstein (1973 m.)
374. *Sattler.* » » Kammerlinghorn (2483 m.)
375. » » » mont Piano (2296 m,).
376. » » » mont Freispitze (2882 m.)
377. *Frey.* » » » Nockstein (1040 m.)
378. » » » » Hochkönig (2938 m.)
379. » » » » Watzmann (2740 m.)
380. » » du Schwarzbachwacht (890 m.)
381. » » » Heuberg (899 m.)
382. » » » Haunsberg.
383. » » » Schlenken.
384. *Baumgartner.* Panorama du mont Untersberg (1975 m.)
385. » » » Sontagshorn (1962 m.)

386. *Marenzi.* Panorama d'Opcina.

387. *Steudel.* » du Schwarze Grat.

388. *Baumgartner.* 5 Esquisses-Aquarelles du Kolowrathöhle.
Cinq aquarelles de la carriére de Kolowrath dans le mont Untersberg, près de Salisbourg.

389. *Baumgartner.* 6. Aquarellskizzen der Schellemberger Eishöhle am Untersberge.
Six esquisses-aquarelles de la carrière de Schellenberg dans le mont Untersberg.

390. *Würthle* et *Spinnhirn.* Photographien aus dem Salzburger Hochgebirg.
Photographies des hautes montagnes de Salisbourg.

391. *Jägermeyer.* 67 Potographien aus den Oesterreichischen Alpen.
67 photographies des Alpes autrichiennes.

392. *Simony.* Geographische Landschaftsbilder aus dem Dachsteingebiete.
Vues géographiques du mont Dachstein.

393. *Kirchner.* Le Cadore.

394. Pläne von 30 Vereinshüstten.
Plan de 30 maisonnettes, construites par la Société alpine.

395. Ansichten von 25 Vereinshütten in Aquarell.
Vues de 25 maisonnettes. construites par la Société alpine. Aquarelles.

396. Modell der Simonyhütte am Dachstein erbaut von der Section Austria.
Modèle de la maisonnette, appelée « Simony », sur le Dachstein, construite par la Section Autrichienne de la Société alpine.

397. Modell der Schaubachhütte erbaut von der « Wilden Banda ».
Modèle de la maisonette, appelée « Schaubach », construite par la section « Wilde Banda. »

SOÇIÉTÉ DES ALPINISTES TRIDENTINS.

398. Un album avec des photographies des objets préhistoriques de l'époque de la pierre et du bronze, conservés au musée de Trente.

399. Un album relatif à la question des points de courbes d'oscillation de l'Adige à Trente, depuis 1862 à 1880.

400. Un album avec diagrammes graphiques des oscillations thermomètriques à Trente, depuis 1821-1859.

401. Des annuaires de la Société pour les années 1874, 1875, 1877-78, 1879-80, 1881.

402. *Ambrosi François*. Guide de Trente.

403. » » » de la Valsugana.

SOCIÉTÉ I. R. GÉOGRAPHIQUE DE VIENNE.

404. Mittheilungen. I Folge Band. I-X.
Des annuaires de la Société. Première série, vol. I-X, 1857-1867.

405. Mittheilungen. Neue folge. Band. XI-XXIII.
Des annuaires de la Société. Nouvelle série, vol. XI-XXIII, 1868-1880. 13 volumes.

---

406. Die Balearen in Wort und Bild geschildert.
Les îles Baléares, décrites et illustrées. Leipzig; F. A. Brockhaus, éditeur, 1870-1880.

I Vol. Les ançiens Pithécus.

II » Les Baléares proprement dites (Majorque).

III » Les mêmes (volume en II parties).

407. Tunis. Ein Bild aus dem nordafrikanischen Leben.
Tunis. Déscription de la vie que l' on mène en Afrique septentrionale.
Prague, 1870.

408. Le Golfe de Buccari et de Porto-Re. Cadre et esquisses.
Prague, 1871.

409. Leucosie, capitale de Chypre.
Prague, 1873.

410. Yacht Reise in den Syrten.
Voyage dans les Syrtes en 1873.
Prague, 1874.

411. Einige Worthe über die Kaymenen.
Quelques mots sur l'île Caïmène.
Prague, 1875.

412. Eine Blume aus dem goldenen Lande oder *Los Angeles.*
Déscription de la terre de l'or ou de *Los Angeles.*

413. Die Karawanenstrasse von Aegypten nach Syrien.
La vie des caravanes de l'Egypte à la Syrie.
Prague, 1879.

414. Bizerta und seine Zukunft.
Biserte et son avenir.
Prague, 1881.

415. Um die Welt ohne zu wollen.
Voyage involontaire autour du monde.
Prague, 1881.

416. Die Serben an der Adria.
Les Serbes sur l'Adriatique; leurs types et costumes.
Leipzig. F. A. Brockhaus, éditeur.

LE TOURISTE (Journal alpin, qui se publie à Vienne. *Kurz*, rédacteur; *Krüger*, éditeur.)

417. Le Touriste; collection de 13 années.

418. Le mont *Wechsel* et ses alentours. 1 volume.

419. Touristenführer im Kanalthale.
Guide dans la vallée du Canal, à l'usage des alpinistes.

420. Donatiberg.
Le mont Donati, près de Rohitsch.

421. Führer auf der Kronprinz Rudolf Bahn.
Guide du chemin de fer du Prince héréditaire Rodolphe.
2 volumes.

FIN DE LA I.re LIVRAISON

DE LA I.re PARTIE

AVIS

Le traduction complète ne pouvant paraître avant le 30 Septembre, jour désigné pour la clôture de l'Exposition, les personnes, qui voudraient avoir les livraisons suivantes, sont priées de s'inscrire à la Rédaction du Journal « La Venezia » oubien chez M. Ongania ou M. Coen, libraires, place S.t Marc, et d'y laisser leurs adresses. — Le nombre des souscripteurs fera connaître s'il y a lieu de continuer la traduction ou de la suspendre. — Le prix des livraisons suivantes, s'il n'allait être diminué, ne sera pas augmenté.

Le traducteur.

Venise, ce 16 Septembre, 1881.

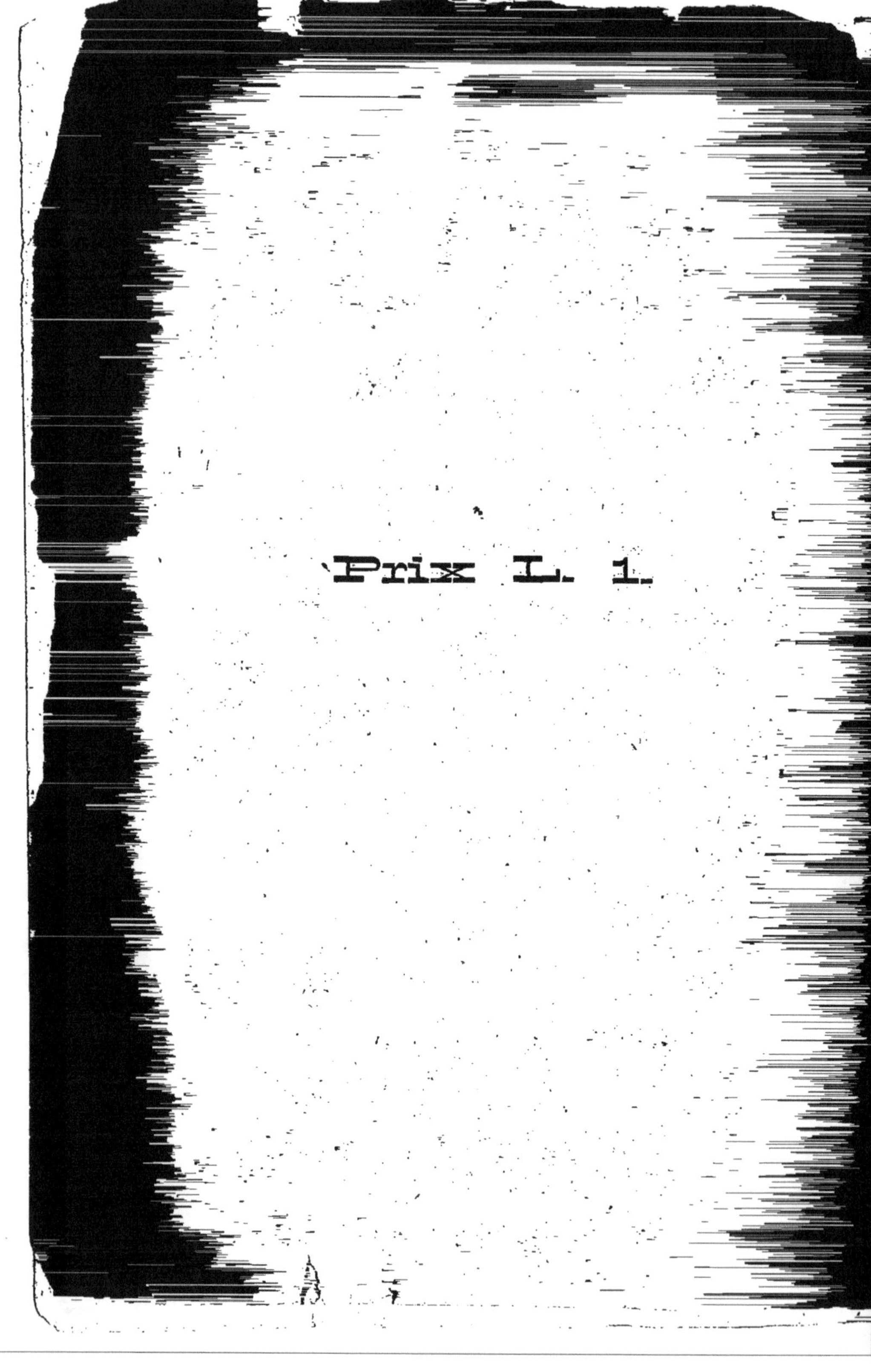
Prix L. 1

www.ingramcontent.com/pod-product-compliance
Ingram Content Group UK Ltd.
Pitfield, Milton Keynes, MK11 3LW, UK
UKHW021153260726
13994UKWH00001B/429

9 782329 092591